글새 맑은 날에는 황사가 핀다

풀이 받은 상처는 향기가 된다

인쇄 2010년 6월 7일
발행 2010년 6월 16일

지은이 | 황태영
펴낸이 | 임수홍
편집디자인 | 맹신형
발행처 | 도서출판 국보
등록 | 제 324-2006-0023호
주소 | 서울시 강동구 길동 395-3 2층
전화 | 02-476-2757 / 476-7260
전송 | 02-476-2759
이메일 | kbmh11@hanmail.net
홈페이지 | http://cafe.daum.net/lsh19577

값 10,000원
ISBN 978-89-93533-00-2 03810

좋은 물은 향기가 없다고 한다.
반대로 풀은 상처를 입었을 때
진한 향기를 풍기는 법이다.
물처럼 유유자적 흐르면서도 시련이 왔을 때는
인간의 향기를 풍기는 삶을 살고 싶다.

황태영 지음

도서출판 **국보**

| 서문 |

서로 통하는 세상을 꿈꾸며

   수급불류월(水急不流月).
   물은 급하게 흘러도 물속의 달은 흐르지 않듯 세월이 아무리 빠르게 변해도 사람 간의 정리나 초심은 변함 없어야 할 것이다.
   우리는 고속성장을 해왔고 선진국과 어깨를 나란히 할 정도로 물질적으로도 풍요해졌다.
   그러나 마음은 피폐해지고 과거에는 상상조차 할 수 없었던 끔찍한 범죄가 늘어나고 있다. 돈으로 좋은 집은 살 수 있어도 행복한 가정은 살 수가 없듯, 행복은 경제적인 요인 외에도 마음의 평화가 보태져야 한다. 아무리 세월이 변하더라도 콩 한쪽을 나눠 먹던 정리, 초심은 늘 지키며 살아가야 할 것이다.
   금융업 종사자가 투자지침서가 아닌 마음을 다스리는 에세이집을 냈다는 것에 모두 의아해하고 놀라워한다. 그러나 어찌 보면 너무나 당연한 일이기도 하다. 투자의 기초는 바로 자기와의 싸움, 자신의 마음을 다스리는 것이며, 고객과의 돈거래는 서로의 믿음, 마음의 소통에서 시작돼야만 하는 것이다.

　모든 금융기관이 고객만족, 고객감동을 외치는데 고객과 인간적으로 소통하는 문제에 대해 진정으로 깊은 성찰이 있었는가 반문하고 싶다. 상상한 것은 다 할 수 있는 현대의 첨단기술로도 풀 수 없는 숙제가 바로 사람 간의 '소통'이다. 소통은 영업뿐 아니라 이미 현대의 최고 화두 중 하나가 되었다.

　미국 의료인들이 조사한 바로는 돈이나 권력이 많은 사람보다는 친구가 많은 사람이 장수한다고 한다. 은퇴 후의 삶이 더욱 중요한 의미가 있는 오늘날을 사는 우리가 되새겨보아야 할 말이다. 기술이 발전하고, 사람들이 계산적이고 개체화되어 갈수록 고객뿐 아니라 만나는 모든 사람과의 마음의 교류가 더욱 중요해진다.

　우리나라는 돈만 있으면 살기 좋은 나라라고 말하곤 한다. 어릴 적 나무꼭대기 감은 까치밥으로 남겨두며 미물들과도 공존하던 후덕한 마음은 찾아보기 어렵다. 자녀의 학벌은 중시해도 품성이나 생명과, 타인 존중에 대한 진지한 성찰들에는 관심이 없다. 학벌과 돈만이 최고의 가치인 듯 떠들지만, 그것만으로는 모든 것을 다 가졌었던 재벌가의 아들과 딸, 그리고 인기 연예인이 자살하는 현실을 설명해낼 수는 없다.

　우리는 어느덧 사람들을 숫자로만 평가하려 한다. '집은 몇 평이냐?', '재산은 얼마냐?', '연봉은 얼마나 되느냐?', '성적은 몇 등이냐?' 등 첫 만남부터 숫자에만 집착한다. 그러나 묘하게도 숫자 때문에 남녀가 헤어지는 경우는 드물다. '이기적이어서', '낭비벽이 심해서', '구타가 심해서', '바람을 피워서', '부모님을 홀대해서' 등 대부분은 성격이나 인간적 면모 때문에 헤어지게 된다.

따라서 우리의 평가도 달라져야 한다. 숫자가 아닌 사람에 대해 먼저 알려고 해야 한다. '얼마나 아름다운 꿈을 가졌는지?', '사고가 유연하고 상대를 잘 배려하는지?', '유머감각은 있는지?', '여행은 좋아하는지?' 등 그 사람의 철학이나 성품을 먼저 파악하려 해야 한다.

장님은 돈보다 아름다운 눈을 가지고 싶을 것이다. 암환자는 돈보다 건강을 원할 것이다. 돈으로 모든 것을 재단하려는 아둔함에서 벗어나 내가 지금 가진 것의 소중한 가치를 다시금 각정해보며 공존의 지혜를 터득해 갔으면 한다.

문화의 힘이 커져서 더 따뜻한 세상, 다양성과 포용력이 넘치는 세상이 되었으면 한다. 나의 이권을 위해 남을 짓누르고 배척하는 것이 아니라 서로가 서로의 푸른 하늘이 되어주는 그런 세상이었으면 한다.

그런 세상을 위해 미략이나마 보태자는 마음에서 긍정적인 삶과 겸양지덕, 타인에 대한 배려, 다양성의 존중, 물질에 앞서 마음을 나눌 수 있는 정리 등 스스로를 다스리며 공존하는 삶에 관한 좋은 사례들을 수집해 보았다.

좋은 물은 향기가 없다고 한다. 반대로 풀은 상처를 입었을 때 진한 향기를 풍기는 법이다. 물처럼 유유자적하게 흐르면서도 시련이 왔을 때는 인간의 향기를 풍기는 삶을 지향하고 싶다. 많은 사례에 녹아 있는 따뜻한 인간애에 빠져들며 모두 마음의 평화를 느껴볼 수 있었으면 좋겠다.

2010년 초여름 황태영

| 추천사 |

촌철살인

우선 이 책은 배울 것이 많아서 무척 유익합니다.

아무래도 무다헌(無茶軒)부터 시작해야겠습니다.

묵향 진한 그 공간에서 금당(金堂)이라는 아호를 쓰는 분을 처음 만났습니다. 수필가로 등단했다는 소리는 나중에 들었고 단행본이 출간된다는 반가운 소식을 접한 것은 불과 얼마 전입니다. 그가 풍기는 행동과 향취가 자연스럽게 글로 옮겨진대도 좋은 내용이 되겠구나 하고 생각은 했습니다. 일회적이고 즉흥성이 넘쳐나는 현재의 시류에서 삶에 대한 깊은 성찰을 담아내기가 쉽지는 않았으리라 봅니다. 바쁜 와중에 이런 좋은 글을 발표한 것이 마냥 신기하기만 합니다.

글을 읽다 보면 금당 선생의 본질을 그대로 보는 듯해서 흐뭇한 마음 금할 수가 없습니다. 삶을 대하는 진지한 자세에서는 지극한 아름다움을 느낄 수 있었으며, 비록 아주 세련된 맛은 없지만 어떤 경우는 낯설게 하고 어떤 경우는 촌철살인으로 급소를 바로 겨냥하여 일깨우고, 풍자의 옷을 입혀서 전달해줄 때는 오히려 큰 울림을 동반한 잔향으로 오래 가슴에 남습니다.

생을 갉아먹는 행위에 대해서는 단호하게 거절하고 삶의 질이 향상되고 서로에 대한 배려, 다양성이 지극히 존중되길 희구하는 금당 선생의 글쓰기에는 사람을 향한 사랑이 있습니다. "나누어야 할 것은 돈이 아니라 마음이다"라는 그의 말처럼 마음이 소통되는 사회,

그래서 더욱 밝고 건강한 사회를 꿈꿉니다.
 작지만 큰 내용을 담은 이 책을 통해 독자의 사유가 확장되고 사회가 건강해지길 바랍니다. 강호제현의 일독을 권합니다.

- 최은희 (영화배우) -

체감(體感)으로 와 닿는 쉬운 철학(哲學)

 증권회사의 지점장인 황태영 씨가 써낸 이 글들을 무엇이라고 이름 붙이면 좋을까? '가로(街路)의 철학'?, '편편(片片)의 사고들'?, '현대 삶 속의 편편록(片片錄)'?, '평범(平凡)속의 슬기'?, '참 지혜(知慧)'? 등등의 제목들을 일단 아무렇게나 떠올려보았는데, 제목이야 어떠하든 읽는 맛이 만만치가 않다. 하나하나 겨드랑이로 감겨오고 가슴 속으로 다가든다.
 그리고 이런 글을 써낸 사람이 증권회사 지점장으로 근무하고 있다는 것이 한편으로는 놀랍고 또한 대견하다.
 이 글들을 대강 읽고 지금 이렇게 그 읽은 소감을 몇 자 쓰고 있는 이 사람은 지난 근 60년간 이 땅에서 소설이라는 것을 써오는 사람인데, 어릴 때부터 저 모든 철학이라는 것에 대해 일종의 **불신(不信)**이랄까, **불신뢰(不不信)**에 감염(感染)되어 있던 사람이다. 그 원인을 한마디로 말한다면, 본인 자신이 실제로 살아왔던 개인적인 경험(經驗)과 그 흔한 철학들이 모순되어 있다는 데서였다.
 더구나 요즘 세상에서는 '슬기' 혹은 '지혜(知慧)'라는 것이 주로 천박한 "세상 살아가는 요령" 같은 것으로만 통틀어 전락해 있어 보이는데, 황태영 씨의 이 글들은 이런 요즘 세상에 대한 나름의 경종(警鐘)이면서도 문장 하나하나가 따뜻한 온기(溫氣)로 차 있다.

하루하루 바쁘게 살아가는 시정(市井) 속의 제위(諸位)께서는 아무리 바쁜 틈에라도 잠깐잠깐 이 책 한권을 읽을 것을 조심스럽게 권(勸)해 마지않는다. 결코, 시간 낭비는 아닐 것임을 나름대로 보증하겠다.

- 이호철 (소설가) -

시정신으로 충만한 희망의 메세지

황태영 씨의 산문들은 에세이니 수필이니 하는 장르의 틀 속에 놓을 수 있는 것이 아니어서 더욱 편하게 읽을 수 있고 더욱 재미있게 읽을 수 있다. 아무 때 아무 곳에서나 아무 곳을 떠들어 읽어도 좋은 글을 아무나 쉽게 쓸 수 있는 것은 아니다. 한 편 한 편이 별처럼 빛나고 이슬처럼 신선할 때만 가능할 터인데, 이는 글들 스스로 생동감에 넘치는 시정신으로 충만해 있다는 증좌다. 한 편 한 편이 희망과 용기의 메세지를 간직하고 있다는 점도 그의 산문들이 가진 미덕이다. 이 절망과 좌절의 시대에 많은 사람이 읽어 절망을 딛고 다시 일어서는 계기를 만들어줄 글들이라고 말해도 지나치치 않을 것이다.

- 신경림 (시인) -

# 인터넷 시대의 잠언집

널리 두루 책을 읽고, 읽은 바에 대해 깊이 묵상하면 빛나는 슬기가 저절로 흘러나온다. 파스칼의 『팡세』, 잠언집 『탈무드』가 바로 그렇게 해서 생산된 지혜의 보물창고다.

황태영의 글 모음을 읽어 내려가면서 "이거야말로 인터넷 시대의 잠언집이로구나" 싶었다. 근래 나온 법정 스님의 잠언집이 클래식 형태를 고스란히 지키고 있는데 반해, 황태영의 글은 곳곳에서 파격을 보여줬기 때문이다.

우선 지혜의 깊이와 관계없이 글의 길이가 짧다. 블로그로 퍼 날라도 얼마든지 받아들여질 분량이다. 고전적인 잠언집에서는 보기 어려운 형식인데 황태영은 너무도 당연하다는 듯이 모든 글을 그렇게 처리했다.

더욱 놀라운 것은 동서고금을 왕래하면서 들추어 보이는 온갖 분야의 예시와 예화다. 좀 속물스러운 얘기지만, 논술시험을 준비하는 입시생이나 취직시험 준비생들에게도 도움이 되지 않을까 하는 생각이 들었을 정도다.

출퇴근 시간 지하철이나 버스에서 이 책이 읽혔으면 한다. 기쁨이나 좌절 때문에 마음이 흔들리고 있을 때, 아무 페이지나 열어서 몇 꼭지의 글을 읽고 나면 어느 사이엔가 평정심을 되찾은 자신을 발견할 테니까.

- 홍사덕 (국회의원) -

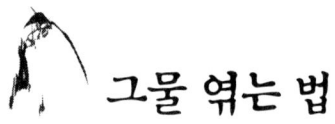# 그물 엮는 법

 길을 가다 보면 동구 밖쯤에서 오래된 나무를 만나게 된다. 어제도 오늘도 나무는 늘 거기에 서 있다. 내가 가는 길목마다 어김없이 늘 거기에 서 있는 나무 한 그루, 그가 황태영이다.
 그와 조우한 것은 순전히 차연(茶緣) 때문인데 그의 원만함으로 차인(茶人)동호회를 만드는 실무를 그는 훌륭히 해내었다. 차인이라 하더라도 일상 속에서 차인의 모습을 보기가 여의치 않으나 그의 사무실을 우연히 방문한 이후 나는 그를 오롯이 차인으로 여기게 되었다.
 그래프와 숫자들이 어지러운 모니터들, 그 긴장의 공간(그는 증권사 지점장이다)을 지나 그의 집무실에 들어선 순간 방안 가득한 차향이라니! 그런 얼떨떨함으로 좌정하니 정갈하게 놓인 다기(茶器) 일습에 차 우려내는 손에 익은 품새라니! 절대 쉽지 않은 차인의 생활을 일상 속에서 그는 해내고 있었다.
 차인이 글을 쓰는 것은 놀라운 일이 아니나 바쁘게 사는 그가 언제……다만 탄복할 따름이다.
 그가 준 글을 일독하는 동안 추억한 것은 소백산이며 새재 옛길이다. 그가 나고 자란 곳이 소백산 남쪽 양지바른 기슭, 풍기이기 때문이다. 그의 글은 옛날 풍기인삼밭의 흙내음이 묻어나는데 그뿐이랴. 선재동자가 세상을 주유하며 지혜를 구하듯 독서가 독서로 끝나지 아니하고 농부가 알뜰하게 알갱이 하나를 추수하듯 하였으니, 그의 독서량은 동서의 고금을 망라하고 중국의 이십오사와 노장공맹 제자백가를 섭렵하고 사상과 종교를 넘어 법보단경, 채근담, 명심보감류를 작(作)하는데 이르고자 함이 아니런가.

　요즈음 서점에 널려 있는 실용서 다수가 고기 먹는 법을 말하나 그는 그물 엮는 법을 말하고 있으니 그 본(本)을 젊은이들은 본받아 마땅하겠다. 노작의 출간을 찬하며 눈 밝은 그가 삶 속에서 지혜의 광맥을 보았으니 정진하여 금과옥조를 캐어 절차탁마 세상을 밝히는 심지가 되기를 기원해본다.

- 박윤초 (서울예술대학 교수) -

 알찬 상식과 큰 재미

　황태영이란 사람은 그 속을 알 수 없는 심연과 같은 존재라고 말하고 싶다.

　처음 만났을 땐 무덤덤한 사람으로만 느껴졌는데 시간이 지날수록 그 깊이와 넓이는 끝이 없음을 알게 된다.

　속된 표현으로 그는 진국이다.

　본업이 그 바쁜 금융인임에도 지점장으로서의 본분만 아니라 수필가로서 그 첫발을 내딛고 있다.

　그의 열정과 부지런함에 존경을 표하지 않을 수 없다.

　그저 경탄스러울 뿐이다.

　이 무한한 에너지는 어디서 나오는 것인지 나는 늘 궁금해한다.

　그 원천이 무엇일까 나름대로 생각해보면 그것은 황태영이 늘 추구하는 것은 인간에 대한 따뜻함, 즉 인간애를 바탕으로 하는 것이 아닐까 한다.

　그의 글을 읽어보면 그의 이상과 심성이 고스란히 나타난다.

　즉 삶에 대한 긍정적인 사고, 상대방에 대한 배려, 세상을 사는 겸손한 자세, 물질적인 삶이 아닌 인정이 살아있는, 따뜻한 인간애가 흐르는 삶에 더 큰 가치를 두고 있음을 느끼게 한다.

　분명히 그가 추구하는 것은 따뜻한 마음, 따뜻한 삶을 나눌 수 있는 사회, 인간미가 넘치는 세상이다.

　그는 휴머니티를 추구하는 이 시대의 휴머니스트라고 감히 말할 수 있다.

　이 책은 동서양을 넘나들며 한자성어나 역사적인 예화를 활용함으로써 독자들에게 알찬 상식과 큰 재미를 드리리라 믿는다.

　황태영의 끝없는 도전과 영정이 계속되기를 기대한다.

- 장근복 (MBC플러스미디어 대표이사) -

지혜의 가이드북

　나는 늘 주변 사람들에게 자신의 삶의 궤적을 글로 정리해보라고 권유한다. 말하자면 나는 자서전 집필의 전도사이다. 그런데 황태영 선생의 이번 책은 내가 그런 말을 하기도 전에 나온 아주 훌륭한 에세이집이라는 것을 알게 되었다. 삶을 살아오면서 터득하고 느낀 많은 생각을 정리한 이 책은 마치 마르쿠스 아우렐리우스의 명상록이나 피천득의 수필집을 연상케 할 정도로 담담하면서도 알맹이 있는 진리들을 우리의 가슴속에 스며들게 한다. 한 생활인으로서의 그의 삶이 평범하지 않았음을 알게 해준다. 손에 들고 다니면서 자주 꺼내들고 읽어야 할 지혜의 가이드북이다.

― 박원순 (변호사) ―

 ## 마음이 풍요로운 진짜 부자

시간 되면 공연 볼 수 있느냐고 문자 주는 사람, 모임 있는데 같이 가면 좋겠다고 연락하는 사람, 맛있는 곳 아는데 한 번 가보자고 청하는 이가 있다. 따라다니다 보면 사람 만나 좋고, 맛있는 곳 알게 되어 좋고, 새 소식 얻게 되어 즐겁고, 항상 돈을 먼저 내니 더욱 좋아 나는 그를 참 좋아한다.

월요일 아침이면 그는 어김없이 문자메세지를 보낸다. '힘들더라도 참고 살면 좋아질게다', '생각을 바꾸면 세상이 바뀐다', '나누어야 할 것은 돈이 아니라 마음'이라는 구구절절 옳은 메세지다. 어디서 이런 명구를 찾아내는지 늘 궁금했는데, 이 책을 보면서 궁금함을 풀었다. 늘 베풀면서도 늘 똑같은 이유, 무엇을 위해 살고 있고 어떻게 살아가고 있는지도 알게 됐다.

각박한 세상을 허겁지겁 살다 보면 제 잘난 줄만 알지 제 못난 점을 되돌아볼 여유가 없다. 많이 가지고 가진 것 지킬 줄만 알지, 마음이 풍요로운 진짜 부자가 될 줄 모른다. 삶을 살아가는 지혜에 희망을 버무린 이 책을 보면서 앞으로 그를 자주 만나는 것이 남는 거란 생각을 해본다.

― 김영수 (서강대 정치외교학과 교수) ―

 # 명품

  정말 좋은 사람 황태영이 수필을 썼다 해서 사실 처음에는 의아했다. 게다가 수필가로 정식 등단까지 했다는 말을 듣고는 더욱 놀라웠다. 뭐, 예전에 문학청년 아니었던 사람이 있을까만, 내심 웃음도 났다. 그러나 남자 나이 마흔과 쉰 사이, 아직 잔치는 끝나지 않았다. 한 편 한 편 읽어나가는데 그야말로 명품이다. 삶에 대한 잠언과도 같은 명구, 숨어 있던 따뜻한 진실들, 길가에 핀 키 작은 민들레 솜털같이 따스하고 곡진하다. 아하, 이 사람 큰 일 치는군! 민들레 홀씨처럼 이 작은 글들이 우리 사람들의 가슴으로 날아갔으면 좋겠다. 하루하루 따뜻한 고봉밥 한 그릇이 되었으면 더욱 좋겠다. 역시 꽃보다 남자 황태영이다.

― 황정근 (김&장 법률사무소 변호사) ―

 # 동서고금의 역사 속에서 건져내는, 살아있는 휴머니즘 에세이

  일상의 스쳐가는 수많은 단상, 그것을 통해 깊은 사유를 드러내는 수필이라는 문학 영역은, 분주한 현대인의 삶을 잠시 쉬어가는 여유와 함께, 인간사의 다양한 단면들을 잠시 사색하게 하는 귀한 힘과 기능이 있다.

황태영 님의 수필의 힘은, 동서고금의 다양한 문헌과 역사 속에서 특유의 시선으로 건져 올린 주옥같은 사례들의 적절한 비유들에 있다.

인간 군상들의 행태를 따끔한 시선으로 충고하고, 현대인의 사고의 다양성 속에 숨은 자기 합리화와 방어적인 변명들을, 전통적 예화와 고문들을 통해, 명확하게 시시비비를 가려줄 뿐 아니라, 세속과 물질에 젖어가는 우리의 단면들을 정신이 번쩍 들게 지적해주기도 한다.

그의 충고와 채찍은 날카롭고 매섭다.

그러나 그의 표현과 어투는 한없이 자연스럽고 부드럽고 완곡하여 야단맞는 줄 모르고 야단맞는 형국이랄까?

웃으며 돌아서면 뒤통수 딱 맞고 정신 차리게 하는 재미도 있다.

황태영 님의 단정하고 간결한 문장은 꽤 속도감 있게 쉽게 읽히며 내용 속으로 급 빨려드는 마력이 있어서, 누구라도 거부감 없이, 신경 바짝 곤두세우지 않고도 편하게 읽히는 글들이다.

그 편안한 성품처럼 글 또한 무난한가보다 하고 읽다보면, 예리한 비수와 통렬한 비판과 사리판단의 백미가 들어 있는 것이다.

그러나 그의 수필이 날카로운 채찍일지라도, 우리가 또다시 손에 잡고 어느 페이지든 다시 들추어보는 이유는, 글 속에 깊고 진한 감동이 있기 때문이다.

이런 감동은 작가의 폭넓은 휴머니즘에서 비롯된 것이 아닐까 나름대로 유추해본다.

주변 모두의 인연을 항상 소중하게 생각하고, 상호 상승작용이 이루어지게끔 물심양면 돕고 엮어주고 챙겨주는 특별한 재주가 있는 그는, 글 속에서도 작은 배추벌레 같은 미물에서부터, 그리스신화의 전설과 로마시대를 넘나드는 위인, 동양의 고전 속 인물들까지 속속 아우르고 풍미하여, 인간에 대한 따뜻한 시선과 어찌할 수 없이 귀결하는 소박한 휴머니즘을 보인다.

  그의 글 속에 면면히 흐르는 해박한 식견과 도량을 넘어서,
  그의 풍요로운 인간적 삶이 그대로 묻어나는, 휴머니즘의 진한 감동…… 오래 함께 나눌 수 있기를 기대해본다.

– 봉준호 (영화감독) –

차례

서문 | 5
추천사 | 8

1부 봄, 상생(相生)

배려는 세상을 밝히는 등불이다 | 27
소유하는 사람보다 사용하는 사람이 더 풍요롭다 | 29
큰 것을 얻기 위해서는 작은 것을 귀히 여겨야 한다 | 31
항구에 있는 배는 안전하지만 그것이 배를 만든 이유는 아니다 | 33
공정한 마음이 세상을 평화롭게 만든다 | 35
향나무는 자기를 찍는 도끼에도 향기를 묻힌다 | 37
댐은 오른편과 왼편을 같이 쌓아야 한다 | 39
콩을 볶는 콩깍지는 되지 말자 | 41
굽이친 강줄기가 더 정겹다 | 43
생각을 바꾸면 세상이 바뀐다 | 47
벽돌을 던져서 옥을 얻는다 | 49
숫자가 아닌 사람만이 희망이다 | 51
세상을 바꾸지 말고 나를 먼저 바꾸어야 한다 | 53
추량(秋凉)은 뜨거웠던 증오를 거두어 간다 | 56
폭음은 때 묻은 삶에 대한 정화의식이다 | 58
에베레스트 산꼭대기는 검은 암벽을 드러내 보인다 | 60
다양성을 존중하자 | 62
내가 뿌린 씨앗은 자손이 거둔다 | 63
곡식이 강하면 잡초가 죽는다 | 65
사형수는 금은보화를 원하지 않는다 | 67
방울을 차서 스스로를 경계한다 | 69
시련과 희생의 돌멩이를 기억하자 | 71
기쁘다는 백마디 말보다는 작은 미소가 더욱 소중한 진실이다 | 73
깊은 물은 메아리가 없다 | 75

2부 여름, 상선(相善)

풀이 받은 상처는 향기가 된다 | 79
군자는 친소관계보다 대의를 중시한다 | 81
신선이 사는 산이 명산이다 | 83
말은 생각을 담는 그릇이다 | 85
꽃은 흔들리면서 피어난다 | 87
나누어야 할 것은 돈이 아니라 마음이다 | 89
증오와 분노의 사슬을 끊고 공존의 지혜를 깨우쳐 가자 | 91
포용력과 다양성을 키워가자 | 94
감을 보며 삶의 지혜와 정리(情理)를 깨우친다 | 97
불행은 탐욕에서 온다 | 100
출구없는 미로없고, 해법없는 시련없다 | 102
불타야 할 순간에 뜨겁게 불타자 | 104
믿음은 약속의 실천에서 시작된다 | 106
불필요한 것을 버리는 연습이 필요하다 | 108
연꽃을 보며 삶의 지혜를 깨우친다 | 110
연리지(連理枝) | 112
연리지(連理枝) -황봉학- | 114
꿈은 이루어 진다 | 117
긍정적 사고는 축복이다 | 120
잊혀졌던 씨앗도 결실의 기쁨을 준다 | 122
텅 빈 방에 햇빛 밝게 비친다 | 124
걸어다니는 것이 수레를 타고 다니는 것보다 편하다 | 126
모든 만남은 상생의 인연이 되어야 한다 | 129
위대한 결과는 위대한 질문에서 시작된다 | 132
새로 머리감은이는 갓 먼지 털어서 쓴다 | 135
겸양은 사람을 더욱 위대하게 한다 | 139
'씨감자'와 '빨간 감'을 기억하자 | 141

차례

3부 가을, 지혜(智慧)

반대자에 대한 공정한 평가와 배려를 키워가자 | 145
매화꽃과 차꽃이 보는 곳을 보라 | 147
산위로 올라가는 양이 비싸게 팔린다 | 150
기와를 갈아서 거울을 만든다 | 152
역경이 아름다운 선율을 만든다 | 154
방귀만 뀌는 스컹크는 죽을 수 밖에 없다 | 156
조화로움(和)과 동일함(同)은 다르다 | 159
말하는 연습보다 말듣는 연습이 더 중요하다 | 162
도끼를 갈아 바늘을 만든다 | 165
한고조(寒苦鳥)의 나태함을 벗자 | 168
채찍보다 포옹의 힘이 크다 | 170
재물만 채우지 말고 영혼을 채우자 | 173
젖소가 먹는 아침이슬은 우유가 된다 | 176
큰 물고기도 물을 떠나면 개미밥이 된다 | 178
자부심이 삶을 명품으로 만든다 | 181
배추벌레와 배추를 나누어 먹자 | 184
제비꽃을 보며 상선(上善)을 줍다 | 187
부드러운 물이 강철을 녹슬게 한다 | 189
제사를 주관하는 사람이 부엌에서 요리를 할 수는 없다 | 193
장인의 경쟁이 세상을 아름답게 한다 | 195
꿀은 악조건인 겨울의 산물이다 | 198
정말 소중한 것은 눈에 보이지 않는다 | 200
워런 버핏과 경주 최부자의 노블레스 오블리주 Ⅰ | 205
워런 버핏과 경주 최부자의 노블레스 오블리주 Ⅱ | 207
워런 버핏과 경주 최부자의 노블레스 오블리주 Ⅲ | 212
계란을 보고 닭을 찾는다 | 215
쓸모 없는 것이 도리어 크게 쓰인다 | 218

4부 겨울, 극기(克己)

국도의 갓길을 키워 가야 한다 | 223
다리를 건너고 나면 그 다리를 부순다 | 225
집단자살하는 레밍은 되지 말자 | 228
이타적인 것이 가장 이기적인 것이다 | 231
똥거름은 모아 두면 악취가 나지만 흩뿌리면 거름이 된다 | 234
불편함은 희망을 향해 흐르는 깨어있는 물이다 | 237
이 세상 최고의 명품 술은 '절발역주(截髮易酒)'다 | 239
대숲은 바람을 잡지 않는다 | 242
나와 다름을 성장의 동력으로 삼는다 | 244
탈피의 고통이 성장의 동력이다 | 247
역린(逆鱗)은 지켜 주어야 한다 | 249
통풍의 틈새가 돌담을 지킨다 | 251
감싸 안을 수 없는 것을 감싸 안는 것이 참사랑이다 | 253
어항속의 물을 갈아 주어야 붕어가 깨끗해 진다 | 256
숭어는 청어를 건강하게 만든다 | 259
고언을 하는 것 못지않게 고언을 듣는 것도 중요하다 | 261
파경은 결별이 아니라 다시 합치는 것이다 | 266
삶의 실천이 가장 아름다운 작품이다 | 268
강아지 똥도 민들레가 된다 | 271
고목은 침묵으로 평화를 지킨다 | 273
물은 낮은 곳을 향해 흐른다 | 275
목련의 단아하고 고결한 향기에 취해 보자 | 278
만원짜리 지폐를 줍지 말고 하늘을 가지자 | 281
헐뜯는 말이 도둑질보다 나쁘다 | 284
밤이 깊을수록 새벽이 주는 기쁨은 커진다 | 287
새는 새의 방식으로 키워야 한다 | 290
문자를 보냅시다 | 293

| 1부 |

봄, 상생
(相生)

배려는 세상을 밝히는 등불이다

여행을 즐기는 사람이 있었다. 이 사람은 어디를 가든지 여행용 가방 외에 또 하나의 가방에 꽃씨를 가득 담아 여행지에서 그 꽃씨를 뿌리고 다녔다.

이 사람은 특히 기차를 탈 때 달리면서 철도 주변에 꽃씨를 뿌렸는데, 이런 모습을 본 사람들이 "당신은 이 길로 두 번 다시 오지 않게 될지도 모르는 데 왜 꽃씨를 뿌립니까?"라고 물으면 그는 이렇게 대답했다. "나는 다시 오지 않을지 모르지만 봄은 반드시 올 것입니다. 그러면 누군가는 반드시 저 아름다운 꽃을 보게 될 것입니다."

세상을 나의 눈으로만 보지 않고 때로는 남의 눈으로도 볼 수 있다면, 나만의 봄이 아니라 모두의 봄이 되게끔 배려하는 마음을 키워 간다면, 세상은 꽃보다 더 환하고 아름다워지지 않을까? 배려와 미담은 늘 찌든 마음을 맑게 소독시켜 준다.

전쟁에서 승리한 강감찬장군을 위해 왕이 주연을 베풀어 주었다.

밥솥 뚜껑을 열던 강감찬장군은 밥그릇 안에 밥이 없다는 것을 알게 되었다. 높은 지위에 있는 사람들이 흔히 그러하듯 밥을 다시 가져 오라고 호통치면서 주방장을 혼내 줄 만도 했지만 장군은 그냥 조용히 화장실을 간다 하며 밖으로 나왔다. 그리고는 주방장을 불러 밥그릇에 밥이 비었음을 말한 후 어떤 지시를 내렸다.

잠시 후 다시 장군께서 들어가 자리에 앉자 주방장이 들어와 '오래 자리를 비워 밥이 식었을 것인즉 다시 따뜻한 밥을 가져다 드리겠다'고 하며 빈 밥그릇을 가지고 나간 후 새 밥을 가지고 왔다.

강감찬장군의 배려와 기지로 주방장은 중형을 면할 수 있었다. 배려는 늘 세상을 따듯하게 한다. 3%의 소금이 바다를 썩지 않게 하듯 3%의 따뜻한 마음이 세상을 밝히는 등불이 된다.

소유하는 사람보다
사용하는 사람이 더 풍요롭다

　대기업 회장 소유지분이 많은 땅값이 엄청나게 오른 서울 근교의 산을 오르며 상념에 젖은 적이 있었다. 매일 또는 매주 이 산을 오르며 산의 아름다움을 만끽하는 사람과 산의 위치도 잘 모를 등기부상 소유주, 과연 진정한 산 주인은 누구일까? 만약 불시에 두분이 같이 죽었을 경우 누가 더 산으로부터 축복을 많이 받았고, 누가 더 풍요로운 삶을 살다 갔다고 할 수 있을까?
　우리는 흔히 부의 기준을 그가 가진 물량의 크기로 파악한다. 그러나 양지가 있으면 음지가 있듯 물질적인면 못지 않게 정신적 풍요로움도 간과해서는 아니 될 듯 하다.
　최근 자살공화국이라 불리울 정도로 재벌가의 자녀들이나 유명인들이 자살하는 것을 보면 돈만이 전부는 아닌 듯하다. 그들은 '마음의 노숙자'였고 물질만으로는 보상받을 수 없는 황폐한 삶을 살았을 듯도 하다. 참된 부자가 되려면 사랑의 마음을 키워야 할 것이다.

돈많은 사람이 재산가지고 부모 형제간 아귀다툼을 할 적에, '수백, 수천억을 줘도 나는 그런 짓을 못한다'고 외칠 수 있다면 이미 수백, 수천억대 재산가가 된 것이다. 사랑의 마음이 커질수록 더욱 큰 부자가 될 수 있음이다.

소는 뿔이 있되 날카로운 발톱이 없고, 호랑이는 날카로운 발톱이 있되 뿔이 없다. 신은 누구 하나에게 모든 축복을 주지는 않는다. 각자 삶의 방식이 다른 법이듯 남이 가진 것을 부러워하기 보다는 내 삶의 방식을 잘 살려 갔으면 한다.

수천권의 책을 소유한 사람보다 수천권의 책을 읽은 사람이 더 부유한 삶을 살 수 있다. 더 많이 소유하지 못해 안달하지 말고, 가진 것이라도 사용하는 법을 제대로 깨우쳐 갔으면 한다.

큰 것을 얻기 위해서는 작은 것을 귀히 여겨야 한다

옛날에 어떤 임금이 천금을 주고서라도 천리마를 사려고 했다. 3년이 지나도록 구하지 못했는데, 어느날 하급관리 한명이 구해오겠다고 자진했다. 오랫동안 고생한 후 천리마를 찾았지만 아쉽게도 이미 죽은 말이었다.

하지만 그는 오백금을 지불하고 그 죽은 천리마를 사 가지고 왔다. 왕은 크게 화를 내면서 '내가 사려는 것은 살아있는 말이다. 어째서 죽은 말을 오백금씩이나 주고 사 왔느냐'라고 호통을 쳤다. 그러자 그 관리는 조용히 말했다.

"죽은 말을 오백금으로 샀으니 살아 있는 말이라면 얼마나 많은 대가를 치르겠나이까? 천하 사람들이 모두 진정으로 좋은 말을 구하려는 대왕의 마음을 알게 되었으니 가까운 시일 내에 반드시 살아 있는 천리마가 나타날 것입니다."

그로부터 1년도 지나지 않아 과연 왕은 살아 있는 천리마를 3필이나 얻게 되었다. 큰 것을 얻기 위해서는 작은 것을 귀히 여길 줄 알아야 한다.

 양지식물만 있어서는 아름다운 숲이 만들어 지지 않는다. 음지식물이 뿌리내릴 수 있는 배려가 있어야 하는 법이다. 태산은 한 줌의 흙이라도 사양하지 않았기에 그렇게 클 수 있었고, 바다는 작은 물줄기도 마다하지 않았기에 그렇게 깊어질 수 있었던 것이다.

 크고 잘난 소리가 넘치는 세상보다는 작고 못난 소리에 대한 배려와 다양성을 존중할 줄 아는 세상이 더욱 아름다울 것이다. 배척하고 짓누르는 숲이 아닌 서로가 서로를 받쳐 주는 숲, 그런 만남이었으면 좋겠다.

항구에 있는 배는 안전하지만
그것이 배를 만든 이유는 아니다

　배는 바다를 항해할 때보다 항구에 정박해 있을 때가 더 안전하다. 그러나 항구를 떠나지 않는 배는 배가 아니다. 인생에서 가장 큰 위험은 위험을 전혀 감수하지 않는 것이다. 익숙한 것이 편하다고 해서 마냥 거기에 머물러 있다면 그 익숙한 것이 독이 되고 쇠사슬이 될 것이다. 아무 것도 도전하려 하지 않는 자는 아무 것도 바라지 않는 자이다. 접시를 닦다가 깨뜨리는 것은 용서해도, 접시를 깨뜨릴까봐 아예 닦지 않는 것은 용서할 수 없다. 내일은 지금 내가 무엇을 열심히 두려워 하지 않고 하고 있느냐에 달려 있다. 새로운 무엇인가를 발견하지 못하면 신은 두 번째 인생을 제공해 주지 않는다.
　　　　　　　　[정호승 시인의 "내 인생에 힘이 되어준 한마디"에서]

　큰 파도와 태풍은 선장을 훈련시켜 노련하게 만든다. 태풍을 만나보지 않은 선장은 선장이라 할 수 없다. 배가 바람을 안고 순풍에 돛을 달고 나아가야 하는데 제일 무서운 것은 무풍지대를 만나는 것이다.

　해는 뜨겁게 내려 쬐고, 바람 한 점 없어 움직일 수 없을 때 선장도 어떻게 할 도리가 없는 것이다.

　우리네 인생도 태풍이 불 때도 있고, 순풍에 돛을 달고 순항할 때도 있고, 원하지 않는 무풍지대를 경험하게 될 때도 있을 것이다. 그러나 한번뿐인 너무나 소중한 인생 최선의 노력을 다하여 쉼없이 항해해 보는 것이다. 비록 힘들고 거친 파도를 만날지라도 무풍지대에 갇혀 있는 인생보다야 행복하지 않을까.

공정한 마음이 세상을 평화롭게 만든다

기해천수(祁奚薦讐)란 말이 있다. 기해가 원수를 후임으로 추천했다는 뜻으로, 감정의 유무를 떠나 공평 무사하게 사람을 추천함을 일컫는 말이다.

기해가 공직에서 물러나려 하자 진나라 왕은 그에게 후임자를 추천하라고 했고 그는 해호를 추천했다. 왕은 매우 의아해서 그에게 물었다.

"그는 그대의 철천지 원수가 아닌가?"

그러자 기해가 대답했다.

"대왕께서는 나의 후임자로 누가 가장 적당한지를 물으셨지, 나의 원수가 누구인지를 물은 것은 아니지 않습니까?"

진왕은 공감하여 즉시 해호를 기해의 후임으로 등용했다. 그러나 해호가 취임 전에 병으로 죽었다. 다시 왕이 천거를 부탁하자 이번에는 자신의 아들 기오를 추천했다. 왕은 그의 공정함을 아는지라 기오를 중군위로 임명했고 기오는 그 직책을 아주 훌륭하게 수행했다.

'기해'는 바깥에서 사람을 천거할 때 원수라 하여 제외시키지 않고, 안에서 사람을 천거할 때도 친척이라 하여 꺼리지 않았다. 원수보다는 오히려 아들을 천거하기가 더 힘들지 않았을까도 생각해 본다. 기해의 판단은 지극히 공정하고 올곧다 할 것이다.

잇권이나 안면으로 사람을 쓴다면 국가는 정체, 후퇴하게 되고 그 피해는 모든 국민들과 후손들이 지게 될 수 밖에 없다. 집권자가 물러나기만 하면 어김없이 터지는 부패스캔들의 반복되는 역사를 보며 기해천수의 고사를 떠올려 본다.

종교나 지연, 학연을 떠나 모두가 기해같은 마음으로 사람을 사귀고 일을 처리해 간다면 소모적인 시끄러움이 사라지고 진실로 아름다운 세상이 되지 않을까 생각해 본다.

향나무는 자기를 찍는 도끼에도 향기를 묻힌다

[루오, 판화 58.5×42.2cm]

"의인(義人)은 향나무처럼 자기를 찍는 도끼에도 향기를 묻힌다."

(The just man, like sandalwood, perfumes the blade that cuts him down)

향나무의 입장에서 보면 자기를 찍는 도끼는 원수다. 그럼에도 향나무는 자신의 아픔을 뒤로 하고 원수의 몸에 아름다운 향을 묻힌다. 피아의 구별이나 원망은 사라지고 관용과 화해만 있을 뿐이다. 소록도 나병환자들 수용소인 애양원(愛養園) 교회에서 나환자들에 대한 구호사업과 전도활동을 하셨던 '사랑의 원자탄'의 손양원 목사에게는 손동인, 손동신이라는 두 아들이 있었다.

1948년 10월 여순사건 때 두 형제는 학교 안에서 기독교 복음을 전하며, 공산주의의 잘못을 폭로하다가 인민 재판에 회부되었다. 두 형제는 서로 대신하여 죽기를 자원하다가 한꺼번에 무자비하게 총살당했다.

손 목사는 '나 같은 죄인의 혈통에서 순교의 자식들을 나오게 하였으니 하나님께 감사 드린다'며 억장이 무너지는 장례식을 마친 후 '원수를 사랑하라'를 성경말씀을 실천하기 위해 두 아들을 총살한 원수를 찾아서 아들로 삼겠다고 결심하였다.

여순사건이 진압된 후 동인, 동신 형제를 죽인 자들 중의 하나인 '안재선'이라는 학생이 체포되어 총살을 당하게 되자 손목사는 그의 구명(救命)을 탄원하여 원수를 양자로 삼은 후 극진히 사랑하였고, 그를 전도사로 키워 내는 놀라운 용서의 실천을 보여 주었다.

진짜 향나무와 가짜 향나무의 차이는 도끼에 찍히는 순간 나타난다. 평소 겉모습은 같아 보이지만 고통과 고난이 닥치면 진짜는 향기를 내뿜지만 가짜는 비명만 지르고 마는 것이다.

더 큰 사랑을 배우고 실천하며, 자기를 찍는 도끼에도 향기를 묻히는 향나무처럼 너른 마음으로 서로를 아끼고 배려하며 사는 아름다운 세상을 꿈꿔 본다.

댐은 오른편과 왼편을 같이 쌓아야 한다

 한국, 일본, 스위스 같은 선진국들이 자살율이 매우 높고, 방글라데시나 인도 같은 저성장국이 오히려 행복지수는 세계 최고라 한다. 물질적 풍요가 곧 행복을 뜻하는 것은 아니라는 반증이다.
 자살의 원인은 금전문제, 직장이나 이성문제, 왕따, 성적, 가정불화 등 여러 원인이 있겠지만 한마디로 하면 '마음의 결핍'때문이 아닐까 생각해 본다.
 세상이치가 음양(陰陽), 좌우(左右), 남녀(男女), 고저(高低), 한서(寒署) 등 상반되는 것들끼리의 적절한 조화가 필수이고, 이 균형이 깨어지게 되면 반드시 재앙을 초래하게 된다. 행복이란 물질적 풍요에 마음의 풍요가 더해진 것이며, 물량(物量)과 심량(心量)이 균형을 이루어야 한다.
 학교에서건 사회에서건 모두 돈버는 기술만 가르치고 배우고자 했지 마음의 평화를 얻는 기술은 아예 언급조차 못하는 분위기다. 마치 댐의 오른편만 높이 쌓으면 행복의 물이 가득 찰 것으로 믿었지만 왼편을 방치해 두면 행복의 총수량은 절대 왼편 높이 이상이 될 수 없는 것과 같은 이치다. 100억을 가지고 있으면서 1,000억 가진 사람을 부러워하고 자신의 없음을 한탄하며 더 많은 돈을 모으기 위해 안달하는 사람과 두메산골에서 자급 자족하면서도 가족끼리 화목하게 살아가는 사람이 있다면 과연 누가 더 진정한 부자이겠는가? 가끔 소주를 마시다 보면 힘들었지만 정은 많았던 어린 시절이 그립다고 말하는 친구들을 본다. 못 살았지만 온정을 나누며 마음만은 풍성했던 예전이 경제적으로 좀 나아진 지금보다 오히려 훨씬 행복했다는 뜻이다. 후손들에게 부유한 국가를 물려주려는 것 못지 않게 부유한 마음을 물려주었으면 좋겠다. 백범 김구선생님께서 말씀 하신 문화강국을 만들어 갔으면 좋겠다.

"나는 우리나라가 세계에서 가장 아름다운 나라가 되기를 원한다. 가장 부강한 나라가 되기를 원하는 것은 아니다. 내가 남의 침략에 가슴이 아팠으니, 내 나라가 남을 침략하는 것을 원치 아니한다. 우리의 부력(富力)은 우리의 생활을 풍족히 할만하고, 우리의 강력(强力)은 남의 침략을 막을 만하면 족하다. 오직 한없이 가지고 싶은 것은 높은 문화의 힘이다. 문화의 힘은 우리 자신을 행복되게 하고, 나아가서 남에게 행복을 주겠기 때문이다.

지금 인류에게 부족한 것은 무력도 아니오, 경제력도 아니다. 자연과학의 힘은 아무리 많아도 좋으나, 인류 전체로 보면 현재의 자연과학만 가지고도 편안히 살아가기에 넉넉하다.

인류가 현재에 불행한 근본 이유는 인의(仁義)가 부족하고, 자비가 부족하고, 사랑이 부족한 때문이다. 이 마음만 발달이 되면 현재의 물질력으로 20억이 다 편안히 살아갈 수 있을 것이다. 인류의 이 정신을 배양하는 것은 오직 문화이다. 나는 우리나라가 남의 것을 모방하는 나라가 되지 말고, 이러한 높고 새로운 문화의 근원이 되고, 목표가 되고, 모범이 되기를 원한다. 그래서 진정한 세계의 평화가 우리나라에서, 우리나라로 말미암아서 세계에 실현되기를 원한다."

[김구 "나의 소원" 중에서]

콩을 볶는 콩깍지는 되지 말자

조조가 죽은 후 큰아들 조비는 강력한 경쟁자였던 그의 동생 조식을 물리치고 위나라의 문제가 된다. 그는 동생인 조식이 자신의 자리를 탐하지 않을까 걱정하여 죽일 구실을 찾게 된다.

조비는 글재주가 뛰어난 조식에게 '일곱 걸음을 걷는 동안에 시 한 수를 지을 것'을 명하고 시를 못지을 경우 참수하겠다고 하였다. 조식이 즉석에서 시를 지었는데, 이것이 그 유명한 칠보시(七步詩)다.

콩깍지로 콩을 삶으니
(煮豆燃豆箕-자두연두기)
콩은 가마솥에서 눈물을 흘리네.
(豆在釜中泣-두재부중읍)
본디 같은 뿌리에서 나왔거늘
(本是同根生-본시동근생)

어찌 이렇게도 못살게 볶아대기 급급하단 말인가.

(相煎何太急-상전하태급)

콩깍지는 논두렁에서 클 적에 병충해나 비바람으로부터 콩을 보호해 준다. 한 뿌리에서 나 늘 자신을 성심껏 따듯하게 감싸 주던 콩깍지가 이제는 자신을 볶아 대고 죽이려 하니 콩이 서글픔에 못이겨 가마솥 안에서 눈물을 뚝뚝 흘리고 있다는 뜻이다.

촛불 시위가 한창일 때 조계사 인근 식당 주인이 촛불시민에게 칼을 휘두르기도 했고, 아들이 걱정돼 인도에 앉아 있던 전경의 어머니가 다른 전경에게 구타당하는 일도 있었다.

식당주인, 학생, 시민, 전경이 모두 한 뿌리에서 난 한 가족이건만 콩을 볶는 콩깍지처럼 험악하고 극악스럽게 싸우는 세태가 안타까울 따름이었다.

둥글고 포근한 동그라미를 그리려면 반드시 처음 시작했던 자리로 돌아가야 한다. 사랑하던 첫 마음으로 돌아가야 사랑의 원을 완성할 수 있을 것이다. 콩을 볶는 콩깍지가 아니라 콩을 감싸주던 초심의 콩깍지로 돌아 갔으면 좋겠다.

이 시대를 살아가는 모두가 한 뿌리 한 형제로 뜨겁게 감싸 안을 수 있으면 얼마나 좋겠는가?

굽이친 강줄기가 더 정겹다

어떤 모임에서건 한 분야의 작은 지식으로 나를 내세우기 보다 겸허히 다른 분야의 지식을 경청해 가는 자세가 더 큰 지혜처럼 여겨지기도 한다.

모두의 만남을 더 향기롭고 아름답게 만들어 가자면 직선화법보다는 곡선화법으로 대화의 품격을 높여가는 것도 중요해 보인다. 몇 가지 예를 들어 보자.

영국에 곤란한 질문으로 남을 골탕 먹이기 좋아하는 관리가 있었다. 유명한 소설가이자 목사인 스위프트를 만난 자리에서도 그의 악취미는 어김없이 발동했다. 관리가 거드름을 피우며 스위프트에게 물었다.

"목사선생, 악마와 목사 사이에 소송이 일어난다면 어느 쪽이 이기겠소?"

이 말을 듣고 '무슨 그따위 질문을 하느냐.' 또는 '나는 관리들 안

좋아한다.' '당신 밥 맛 없게 생겼다.'는 류의 직선화법을 구사했다면 그는 3류로 전락했을 것이다.

그러나 스위프트는 '당연히 악마가 이긴다.'고 대답했고, 목사인 스위프트가 의외의 대답을 하자 그 관리는 '이유가 뭐냐'고 다시금 물었다.

스위프트는 여유 있게 웃으며 대답했다.

"그거야, 관청의 관리들이 모두 악마 편이기 때문이지요."

이 말을 들은 관리는 한 마디 대꾸도 하지 못하고 얼굴을 붉히며 그 자리를 떠났다. 부드러운 듯 하지만 어떤 직설적인 비아냥보다도 곡선화법이 훨씬 더 그 관리를 꼼짝 못하게 만들었던 것이다.

제나라의 안영이 초나라에 사신으로 가게 되자 초나라에서는 제나라에 치욕을 안겨주어 초나라의 위엄을 떨치고자 안영을 놀려주기 위한 계책을 몇가지 세워 두었었는데 그 마지막 얘기이다.

초 영왕앞으로 두 명의 무사가 죄인 한 사람을 끌고 지나갔다. 초 영왕이누구냐고 묻자 무사는 "그는 제나라 사람으로 절도죄를 지었습니다."라고 답했다. 이에 다시 초나라 영왕이 안영에게 물었다.

"제나라 사람은 모두 물건을 훔치는 나쁜 버릇이 있소?"

만약 이때 '무슨 말씀을 그렇게 하느냐'라던가 '제나라 사람이란 증거가 있느냐' '쓸데없는 연극 그만하라'는 식으로 답했다면 그 역시 3류에 불과했을 것이다.

그러나 안영은 다음과 같이 말했다.

"강남 귤을 강북에 심으면 탱자가 된다고 합니다. 동일한 씨앗도 토질에 따라 엄청나게 달라지게 됩니다. 지금 이 사람이 제나라에 있을 때는 양민이었는데 초나라에 온 이후에 도적이 되었다면 초나라 풍토를 탓해야 하겠습니까, 제나라 풍토를 탓해야 하겠습니까?"

안영을 시험하려던 초 영왕은 자신의 잘못을 사과하고 매우 후하게 대접하였다고 한다.

예전에 강남에서 어떤 정치인이 선거 유세중일 적에 그를 못마땅히 여기던 누군가가 삶은 계란을 던졌다.

그때 만약 '천하의 OOO을 몰라보고', '내가 누군줄 알고 이따위 짓을 하느냐' 또는 '명예훼손으로 고소하겠다', '나는 나쁜 정치인이 아니다'는 식의 직선화법을 썼다면 유세분위기는 엉망이 되고 그는 3류로 각인되었을 것이다.

그러나 그 정치인은 이렇게 말했다.

"소금은 안주시나요?"

어색하던 유세분위기가 단숨에 기분좋게 변하게 되었다.

1858년에 링컨은 상원의원 선거에 출마했다. 그러나 그의 경쟁자였던 더글러스는 링컨을 궁지에 빠뜨리기 위해 중상모략을 서슴지 않았다. 그리하여 그는 술 판매를 금지했던 당시에 조그만 식품가게를 갖고 있던 링컨을 합동 정견 발표회에서 이렇게 야유했다.

"친애하는 유권자 여러분! 링컨씨는 지난날 식품가게를 경영하면서 술을 팔았습니다. 금주 시대에 술을 판 사람이 뻔뻔스럽게도 상원의원이 되겠다니, 어디 말이나 됩니까?"

'중상모략이다.', '흑색선전이다.', '정책으로 승부해야지 무슨 소리냐'는 식으로 응수 하는 것은 아무래도 수가 낮아 보인다.

여기저기서 웅성거리는 소리가 났고, 링컨은 조용히 연단에 올라 다음과 같이 말했다.

"여러분, 방금 더글러스씨가 한 말은 조금도 거짓이 없는 사실입니다. 그러나 그 당시 우리 가게에 술을 가장 많이 사러 오신 분은 다름 아닌 더글러스씨였습니다."

박수갈채가 터져 나왔다.

더글러스는 다른 정견 발표장에서 또 다른 터무니없는 말로 링컨을 몰아붙이기 시작했다. "링컨씨야말로 두 얼굴을 가진 이중인격자라는 사실을 유권자 여러분은 잊어서는 안 됩니다."

'야이, 나쁜 놈아' 라든가, '너는 삼중인격자다'는 식으로 맞받아 쳤다면 3류화법이 되었을 것이다.

그러나 링컨은 점잖게 대꾸했습니다.

"여러분, 만약 제가 두 얼굴을 가지고 있다면 왜 하필 이리 중요한 날 이런 못 생긴 얼굴을 가지고 여러분 앞에 나왔겠습니까?"

이번에도 장내는 환호성으로 떠나갈 듯했다.

나무에 새긴 글은 나무가 훼손되면 사라지지만 가슴에 새긴 글은 영원히 지워지지 않는다.

남에게 상처주는 말은 하지 말아야 할 것이다.

올곧게 뻗은 나무들보다는 휘어 자란 소나무가 더 멋있다.

똑바로 흘러가는 물줄기보다는 휘청 굽이친 강줄기가 더 정겹다.

일직선으로 뚫린 빠른 길보다는 산따라 물따라 가는 길이 더 아름답다.

직선의 날카로움보다는 곡선의 유연함이 훨씬 더 아름답다.

모두 직선의 강함보다는 곡선의 유연함을 깨우쳐 가면 세상은 더 넉넉하고 따뜻해 지지 않을까 생각해 본다.

생각을 바꾸면 세상이 바뀐다

　숲속에 사는 여우 한 마리가 길을 걸을 때마다 돌부리와 가시에 부딪혀 발이 성한 날이 없었다. 화가난 여우는 토끼를 잡아 그 가죽으로 도로를 만들기로 작정했다.
　지나가던 토끼를 잡아 자신의 생각을 말한 후 껍질을 벗기려 하자 토끼가 말했다.
　"여우님, 토끼들을 잡아 도로를 다 포장하시려면 얼마나 힘드시겠습니까? 그냥 제 꼬리를 잘라 가죽신을 만들어 신고 다니시지요."
　토끼는 기지로 목숨을 부지했고, 여우는 도로를 포장하려던 고생을 덜 수 있었다. 습관이 되어 편하기에 우리는 늘 과거의 방식만을 고집하는 경우가 많다.
　그러나 한번쯤은 기존 방식을 버리고 새로운 방법으로 사물을 보는 습성을 길러가 보아야 할 것이다. 생각을 바꾸면 세상이 바뀐다. 엘리베이터가 느리다고 입주민들의 항의가 거센 건물이 있었다. 건물주는 '분통을 터트리는 고객들을 어떻게 달랠 것인가?' 고민했다.

빠른 엘리베이터로 교체하기 위해서는 엄청난 투자비와 몇 달간의 공사기간이 필요했다. 이 문제는 건물주를 계속 골머리 아프게 했다. 우연히 이 얘기를 들은 청소부는 '엘리베이터 안에 큰 거울을 달아 놓으라'고 조언했다.

사람들은 외출시 흐트러졌던 자신의 모습을 보느라 엘리베이터가 느리다는 사실을 까맣게 잊어 버린다는 것이다.

실제로 거울을 달아 놓자 입주민들의 항의는 사라졌고, 건물주는 아주 간단하게 고민을 해결할 수 있었다. 하던 일이 잘 안된다고 속상해 하지 마라. 구름 뒤에는 늘 태양이 빛나듯 문제 뒤에는 늘 해결의 실마리가 있기 마련이다.

푸념만 할것이 아니라 생각을 바꾸고, 새로운 시도를 하면 세상이 바뀌게 된다.

벽돌을 던져서 옥을 얻는다

포전인옥(拋塼引玉)이라는 말이 있다. '벽돌을 던져서 옥을 얻는다'는 뜻으로, 자신이 가진 보잘 것 없는 것을 주고 상대방의 훌륭한 것을 얻는다는 뜻이다. 당나라 때 상건은 유명한 시인인 조하가 소주에 유람하러 온다는 소식을 들었다.

소주에 오면 반드시 영암사에 들르리라 보고 상건은 사묘(寺廟) 벽에 자신의 시를 절반만 적어 놓았다. 과연 조하는 영암사에 들렀다가 벽에 적힌 미완성의 시를 보고 나머지 절반을 채워 넣었고, 상건은 자신이 원하던 조하의 시를 얻게 되었다.

조하가 쓴 뒷구절이 상건이 쓴 앞구절보다 더 낫다고 해서 사람들은 상건이 '벽돌을 버리고 옥을 얻은 격'이라고 말하였다.

스스로 부족하다고 생각하는 자신의 의견이나 작품을 먼저 주고 상대방의 훌륭한 작품이나 고명한 의견을 얻는다는 뜻으로 겸손의 의미가 담겨져 있다.

나는 명함을 교환한 모든 사람들에게 소중한 인연을 잊지 말자는 의미에서 매주 월요일 문자메시지를 보내기 시작했다.

우연한 계기로 시작한 주간문자메세지를 2년여 보내면서 느꼈던 점이 바로 포전인옥이다. 문자를 받았던 분들은 1년에 한번을 만나도 매주 만났던 것처럼 친밀감이 유지될 수 있었다.

보잘 것 없는 안부인사를 주고 소중한 수많은 사람들을 얻을 수 있었던 것이다. 나아가 새로운 좋은 분들을 사귈 수 있는 기회도 많이 가질 수 있었다.

의도하지는 않았었지만 이 얼마나 대단한 결실인가. 포전인옥 하려면 보잘 것 없더라도 내가 먼저 성심껏 손을 내밀어야 한다. 지위가 높으니까, 돈이 많으니까, 학벌이 좋으니까, 여자니까, 나이가 많으니까 등등의 이유로 머뭇거린다면 절대 '조하의 시'는 얻을 수 없다.

우리는 흔히 자신의 삶을 거울에 비추어 본다. 그러나 거울은 결코 먼저 웃지 않는다. 내가 먼저 손 내밀고 내가 먼저 웃어야 거울도 손 내밀고 거울도 웃는다. '문자메세지' 같은 벽돌로도 '옥' 보다 귀한 사람들을 얻을 수 있다.

보잘 것 없다고 움츠려 들지 말고 진실 하나로 부딪혀 보라. 먼저 마음의 문을 열고, 먼저 손 내밀고, 먼저 줄 수 있는 것은 다 주어 보라. 진실한 마음만 있으면 벽돌을 던져서 옥을 얻을 수 있을 것이다.

숫자가 아닌 사람만이 희망이다

  사람이 숫자를 만들었지만 거꾸로 숫자의 노예가 된 듯 하다. 사람과 사람의 만남도 사람은 없고 숫자만 있다. '집은 몇평이냐?', '재산은 얼마냐?', '년봉은 얼마나 되느냐?', '성적은 몇등이냐?' 등 첫 만남부터 숫자에만 집착을 한다.

  그러나 묘하게도 숫자 때문에 헤어지는 경우는 거의 없다. '이기적이어서', '낭비벽이 심해서', '구타가 심해서', '바람을 피워서', '부모님을 홀대해서' 등 대부분은 성격이나 인간적 면모때문에 헤어진다. 질문이 거꾸로 되었어야 한다.

  애초 숫자가 아닌 사람에 대해 먼저 알려고 했어야 한다. 얼마나 아름다운 꿈을 가지고 있는지?', '사고가 유연하고 상대를 잘 배려하는지?', '유머감각은 있는지?', '여행은 좋아하는지?' 등 그 사람의 철학이나 성품을 먼저 파악했다면 만남에서 이별까지의 소중한 시간을 허비하지도 않았을 것이다. 숫자에도 함정이 있다.

  미국의 공화당, 민주당 의원과 통계학자 3명에서 토끼 사냥을 나갔다. 공화당 의원이 쏜 총알이 토끼의 오른쪽으로 1m 빗나갔다. 민주당 의원이 쏜 총알은 왼쪽으로 1m 벗어났다. 그러자 통계학자는 "만세! 토끼가 명중됐다"고 환호성을 지르며 토끼를 주우러 뛰어갔다. 저 통계학자가 멍청하다고 말하겠지만 가끔은 자신도 모르게 다들 통계학자의 어리석음에 빠져들곤 한다.

숫자로는 잡혔어야 할 토끼가 실제로는 잡히지 않았듯 우리의 삶은 성적과 돈 같은 숫자로는 잡을 수 없는 더 소중한 가치가 있다.

우리가 죽음에 직면했을 때 과연 자녀 성적이 좀 덜 올랐던 것 또 돈을 좀 더 못 벌었던 것을 아쉬워 할 것인가, 아니면 '그때 왜 마음을 열고 대화를 하지 않았을까?', '마음껏 웃으며 섬기행을 했었더라면', '그때 마음 상처를 주지말고 멋진 선물과 단란한 저녁식사를 했었어야 했는데' 등 좀 더 인간적이지 못했음을 아쉬워 할까. 숫자보다 중요한 가치를 깨우쳐 갔으면 한다.

숫자에 욕심부리고 집착하기 보다는 마음 편하게 사는 법을 터득해 가고, 내 숫자가 좀 좋다고 독선과 오만에 빠지지 말고 상대를 존중하며 함께 공존하는 지혜를 배워 갔으면 한다.

세상을 바꾸지 말고
나를 먼저 바꾸어야 한다

 예전에 외국계회사 인사담당 부사장과 얘기를 나눈 적이 있었다. 회사에서 인사 정보를 투명하게 공개하자 불만을 품은 직원들이 많이 면담을 신청해 왔다고 한다. 면담을 해 보면 불만의 주된 이유는 내가 저 친구보다 잘났고 입사기수도 위고 한데 왜 나를 승진에서 누락시켰느냐는 얘기들이 대부분이었다고 한다.

 부사장은 그 직원들을 다음과 같이 꾸짖었다고 한다. "문제제기 방법이 틀렸다. 승진한 친구에 대해 불만만 있는 한 당신은 발전이 없다. 승진 못한 원인을 당신 자신에게서 찾아야 한다.

 '내가 어떤 점이 부족해서 승진을 못했는가'를 묻고 그 부족한 부분을 고치면 다음에는 당신도 승진이 된다. 그러나 승진한 동료를 헐뜯기만 해서는 당신의 부족한 부분이 개선 될 수 없고 따라서 당신은 계속 승진할 수 없을 것이다."

(처칠일화)

영국수상 처칠의 일화이다. 전람회에 작품을 출품했다가 낙선한 화가가 어느 날 처칠을 찾아가 불평을 했다.

"저는 얼마 전에 글래스고에서 열린 미술 전람회에 작품을 응모했습니다. 주위 사람들 모두 훌륭한 그림이라고 감탄했습니다. 그런데 저의 그림은 낙선되고, 형편없이 수준 낮은 그림들만 입상되었습니다. 그림도 그릴줄 모르는 자들이 심사위원들이라고 앉아서 뛰어난 그림들을 마구 낙선시키고 있으니 이건 정말 국가적 손실입니다.

이에 대한 각하의 고견을 듣고 싶어서 찾아왔습니다."

처칠은 빙그레 웃으며 말했다.

"나는 암탉이 아니라 달걀을 낳아보지는 않았습니다. 그러나 상한 달걀과 싱싱한 달걀을 잘 가려 낼 줄은 압니다. 또 나는 빵을 한번도 구워보지는 않았지만 맛있는 빵인지 맛없는 빵인지도 압니다. 젊은 이는 어떻소?"

"저도 그 정도야 가릴낼 줄 압니다."

"그것 보시오. 그림을 못그리는 심사위원일지라도 좋은 작품과 좀 못한 작품을 가려낼 수 있지 않겠소?"

이 말을 들은 화가는 잘 알겠다는 표정을 지었다. 처칠은 그 화가의 어깨를 두드리며 다시 말을 이었다.

"심사위원에게서 문제를 찾지말고 당신이 개선시켜야 할 점들을 곰곰히 살펴보시오. 나 같은 엉터리가 보더라도 대번에 뽑힐 수 있는 그런 그림을 그리도록 노력해 보시오."

화가는 새로운 결심으로 노력하여 마침내 크게 성공했다고 한다.

우리는 흔히 일이 잘 풀리지 않으면 자신에게서 원인을 찾기보다 외부요인을 탓한다. 외부요인은 내가 바꿀 수 있는 것이 아니고, 그런 식으로 자신을 합리화하기 바빠서는 영원히 현실이 나아지지도 개선되지도 않는다.

예전에 알코올 중독자에게 두 아들이 있었다. 첫째는 아버지를 닮아 알코올 중독자가 되었고 둘째는 엄청난 부와 명예를 얻고 사회적으로 크게 성공을 하였다.

첫째는 아버지의 나쁜 점을 그대로 따라했지만 둘째는 아버지가 술마시는 것이 너무 싫어서 숙취해소 음료를 연구, 개발하게 되었고, 큰 돈을 벌은 후 금주운동까지 벌여 명예까지 얻었다는 것이었다. 살다 보면 누구나 '나의 부족한 점'이나 '알코올 중독자 아버지' 같은 무수한 벽들을 만나게 된다. 그 벽이 걸림돌이 되느냐 성공으로 가는 디딤돌이 되느냐는 전적으로 자신에게 달려 있다.

돈이 없어서, 학력 때문에 또 무엇 무엇 때문에 라고 포기할 구실을 찾으며, 자신을 합리화해서는 영원히 벽을 넘을 수 없다. 벽은 알코올중독자와 성공한 기업가를 가르게 된다.

벽을 깨고 나면 커다란 성공이있다. 세상을 바꾸려 하지말고 나를 먼저 바꿔야 할 것이다. 고난의 밤은 있어도 새벽이슬 머금은 들국화는 피어난다.

추량(秋凉)은 뜨거웠던 증오를 거두어 간다

반케이 선사가 있는 절에서 동안거가 열리고 있을 때 억울하게 도둑누명을 쓴 한 선승이 반케이 선사에게 누명을 벗겨 달라고 했다. 반케이 선사가 물었다.

"그대는 진정 그의 돈을 훔치지 않았는가?"

"예. 엄숙한 수행처에서 어찌 남의 돈을 훔칠 수 있겠습니까?"

"그렇다면 그것으로 족하지 않으냐?"

"허지만 지금 여기에는 전국에서 수많이 스님들이 모여 있어 제게 씌워진 혐의가 전국으로 번져 갈 것입니다. 매우 억울합니다."

질색을 하는 스님에게 선사가 다시 물었다.

"그렇게 하려면 죄인이 나와야 하는데 그래도 좋은가?"

선사의 이 말을 듣고 그 승려는 문득 크게 깨닫는 바가 있었다. 그는 일어나서 큰절을 하며 말했다.

"여기 와서 제가 배우고자 하는 것이 작은 나를 버리고 큰 나, 즉

대자비심을 얻는 일이었는데 그것을 그 동안 허망한 데서 찾고 있었습니다. 저 자신만을 생각한 점 진실로 부끄럽게 생각합니다." 이렇게 말하고 그 스님은 홀가분한 얼굴로 선사의 방을 나갔다.

문득 신영복선생님의 말씀이 생각난다. "여름철 모로 누워 칼잠을 자야 하는 좁은 잠자리는 옆사람을 단지 37℃의 열덩어리로만 느끼게 한다. 이것은 옆사람의 체온으로 추위를 이겨 나가는 겨울철의 원시적 우정과는 극명한 대조를 이루는 형벌 중의 형벌이다.

자기의 가장 가까이에 있는 사람을 미워한다는 사실, 자기의 가장 가까이에 있는 사람으로부터 미움받는다는 사실은 매우 불행한 일이다. 그러나 우리는 알고 있다.

머지않아 조석의 추량(秋凉)은 우리들끼리 서로 키워 왔던 불행한 증오를 서서히 거두어가고, 그 상처의 자리에서 이웃들이 '따뜻한 가슴'을 깨닫게 해줄 것임을 알고 있다."

사람을 밀쳐 내고 증오하는 마음은 이제 추량에 날렸으면 한다.

반케이선사 같은 마음으로 서로 부둥켜 안고 뜨거움을 키워간다면 외부의 한파는 가벼이 이겨내리라 믿어 본다.

폭음은 때 묻은 삶에 대한 정화의식이다

 술이 때로 소독제 역할을 하듯, 취광(醉狂)은 때로 세속의 독기를 씻어 내는 청정제(淸淨劑) 역할을 하기도 한다. 술을 거나하게 마시고 나면 늘 세속의 각박함을 잊게 하는 재미난 에피소드들이 생겨난다. 술에 취해 물에 비친 달을 잡으려 서호속에 뛰어 들었던 이태백은 아직도 주당들의 우상이다.
 4주선(酒仙)인 수주 변영로, 공초 오상순, 성재 이관구, 횡보 염상섭은 대낮에 쾌음(快飮), 호음(豪飮)한 후 옷은 대자연과 인간을 이간(離間)시키는 것이라 하여 옷을 몽창 벗고 알몸으로 소를 타고 성균관을 지나 시내까지 진출했다 큰 봉변을 당하기도 했다.
 그러나 뭐니뭐니 해도 역사적 대 사건은 러시아 근대화의 선구자였던 거구의 폭탄주 마니아 표트르대제의 측근이었던 빌부아의 실수가 아닐까 생각해 본다. 그는 폭탄주를 즐겨 마시고 성격이 호탕해 황제의 총애를 받았다고 한다.
 하루는 황제의 심부름으로 에카테리나황후에게 가는 도중에 보드

카를 홀짝 홀짝 마시다가 완전 고주망태가 된다. 몸도 제대로 가누지 못하면서 소리를 고래고래 지르자 시녀들이 제지했다.

그러나 황제의 명을 거역하느냐며 윽박지르자 할 수 없이 황후의 침실까지 안내했다. 시녀들이 돌아간 후 침실문을 열어 젖힌 빌부아는 무엇 때문에 왔는지, 누워 있는 여성이 누구인지 까맣게 잊고 황후를 덮쳐 버린다.

"사람살려, 황후살려,,"

시녀들이 달려갔을 때 이미 물은 엎질러 진 뒤였다. 이 급보를 들은 표트르대제는 '빌부아가 필름이 끊겼을 것이다. 깨어나면 아무 기억도 못할 것이다'며 대수롭지 않다는 반응을 보인다. 그렇지만 황후를 겁탈한 사람을 그냥 둘 수는 없어 2년간 유배령을 내렸다가 몇 달 뒤 다시 불러 들였다고 한다.

고은선생께서는 "나는 시인에게 깨어 있기보다 취해 있기를 권하고 싶다. 취기와 광기를 저버리는 것은 시인에게는 죽음이다." 또 "최근의 시가 가슴에서 터져 나오지 않고 머리에서 짜여 나오는 것은 술꾼 시인이 줄어든 현상과 무관하지 않다"고 일갈했다 한다. 또 어느 시인은 '폭음은 때묻은 삶에 대한 정화의 의식이며, 권태와 허무에 피를 빨린 창백한 영혼에게 새로운 피를 수혈하는 치료제'라 노래했다.

가끔은 한잔 술에 순수했던 젊은 날로 돌아가 오염된 영혼을 씻어 보아야 하겠다. 재미난 에피소드가 쌓일 때 우정도 쌓이게 된다. 현실의 메마른 가슴이 아닌 술 취한 뜨거운 가슴으로 살아야겠다.

에베레스트 산꼭대기는
검은 암벽을 드러내 보인다

 '수락석출(水落石出)'이라는 말이 있다. '물이 빠지고 나니 돌이 드러난다.'라는 뜻으로, 송나라 때 소동파(蘇東坡)가 지은 후적벽부(後赤壁賦)에서 유래된 말이다.

 본래는 물가의 경치를 묘사하는 뜻으로 사용되었지만, 나중에는 물이 줄어들어 돌이 드러나는 것처럼 시간이 지나 어떤 일의 흑막(黑幕)이 걷히고 진상(眞相)이 드러나는 것을 비유하는 말로 쓰이게 되었다. 기다리다 보면 언젠가는 진실이 밝혀지게 된다.

 살다 보면 오해를 하기도 하고 또 받기도 한다. 사실을 은폐, 왜곡하며 상대를 곤혹스럽게 하는 사람들도 만나게 된다. 그럴 때 가장 좋은 대처법은 침묵인 듯 하다. 눈 내릴 때 마당을 쓸지 않듯 미주알고주알 대응하기 보다는 휴식을 취하는 것이 좋다. '미네르바의 부엉이는 황혼녘이 되어야 날아 오른다.'고 한다.

 세상사 복잡한 대낮에는 휴식을 취하다가 세상의 소란이 멈추어져 가는 황혼녘이 되어야 지혜의 여신 미네르바의 부엉이는 세상을 냉정히 바라본다는 얘기다. 꽃은 주변 환경을 탓하지 않는다. 누가 나를 어떻게 봐 주느냐는 신경 쓰지 않고 자기 본연의 색, 자기 본연의 향기를 지키고 가꾸어 갈 뿐이다.

그러면 언젠가 또 누군가는 그 꽃을 보고 감동을 받게 된다. 자신의 무고를 입증하기 위해 주위에 자칫 상처를 주고 받기보다는 그저 나만 양심 바르게 행동하면 그것으로 족한 것이 아닐까 한다.

산은 산, 물은 물이다. 날이 흐려 안개가 끼였을 때는 산을 물이라 우기는 사기꾼도 나타나지만 그렇다고 산이 물이 되어 바다로 가지는 않는다. 언제건 안개는 걷히게 마련이고 산은 산, 물은 물이었음이 선명히 밝혀지게 된다. 사물을 있는 그대로 올곧게 보는 것이 바로 세상을 밝혀 가는 도(道)인 듯 싶다.

이수차천(以手遮天), 손가락으로 하늘을 가릴 수는 없다. 아무리 은폐하려고 해도 언젠가 진실은 밝혀지게 되어 있다. 너무 서둘지 말고 너무 조급해 하지 말고 그저 부끄럼없는 삶을 살아갔으면 좋겠다. 에베레스트 산꼭대기는 눈으로 덮여 있지 않다.

최정상은 검은 암벽을 그대로 드러내 보인다. 흰 눈이 일시 진실을 덮을 수는 있어도 결국 진실은 드러나게 되는 법이다. 보이는 것만으로 평가하지 말고 힘들고 어렵더라도 묵묵히 굳건한 우정, 굳건한 믿음을 키워 갈 수 있는 만남들이 되어야겠다.

다양성을 존중하자

　여러마리의 벌과 파리를 병 속에 넣은 후 병의 바닥을 창 쪽으로 해서 병을 뉘어 놓으면 똑똑한 벌은 밝은 방향에서 출구를 찾다가 끝내 지치거나 굶어 죽을 때까지 병 밑바닥에서 악전고투를 한다고 한다. 그러나 멍청한 파리는 2분도 채 되지 않아 반대쪽 병 주둥이로 나가 버린다. 벌은 지능이 높아 가장 밝은 쪽에 반드시 출구가 있다고 생각하고 그 쪽으로만 나갈 수 있다고 믿는 것이다.

　지나치게 자신을 과신하고 자신의 논리에 얽매여 다양성이나 다른 사고는 받아 들이지 않는다. 그런데 어리석은 파리는 유리의 불가사의한 것 등에는 아랑곳하지 않으며 빛의 방향 같은 것도 고려에 넣지 않은 채로 무턱대고 날아다닌다.

　'단순한 자에게는 행운이 기다린다.'는 격언 그대로 이내 반대쪽 출구를 발견하여 자유스러운 몸이 되는 것이다. 나만 옳고 나만 잘 났다는 오만과 독선을 버리고 다양성을 존중하며, 열린 마음으로 살아들 갔으면 한다.

내가 뿌린 씨앗은 자손이 거둔다

　요즈음 골프장도 숙박, 음식점도 모두 구조조정이 한창인 듯 하다. 근간에 지방의 리조트 한 곳을 다녀왔다. 3만평 규모로 30여년간 가꾼 숲과 각종 위락시설이 잘 갖추어진 곳이다. 가지고만 있었어도 한 평생 부러움 받으며 잘 살았을 듯 했는데 지난해 크게 대출을 받아 시설을 확충하였고, 잠시 영업이 멈칫하자 순식간에 인건비며 이자가 연체되기 시작하여 경매에 넘어 갈 형편이 되었다. 30여년간 공들였던 삶의 터전이 한 순간에 송두리째 날아가게 되었으니 그 심정이야 오죽하랴 싶다.
　의대교수로 수지에 땅을 150만평 가지고 한 평생 호의 호식하던 분이 있었다. 그 교수가 IMF직전에 아무 생각없이 형의 사업 보증인으로 싸인 한번 잘못했다가 경매로 땅을 몽땅 날리고도 세금을 정산 할 수 없어 평생 월급을 차압당하고 있다고 한다. 현금 50억을 유산받아 건물을 올리다가 10억 빚을 지고 학교까지 그만둔 서울대교수 등 이런 예는 부지기수로 보아 왔다.

시골마을에 초등학교 학력이 전부인 땅 한 평 없었던 형님이 계시다. 성실히 사시더니 지금은 영농후계자가 되어 동네에서 최고 땅부자가 되었다.

초등학교도 졸업 못했던 그 집 누님은 단양의 촌놈에게 시집을 가 고생하다가 고수동굴이 개발될 적에 보상금을 많이 받아 서울 올라와 장사를 했는데 지금한 아들은 대학교수가 되었고 또 한 아들은 검사가 되었다. 아침에 양지이던 곳이 정확히 오후에는 음지로 또 음지였던 곳은 양지로 바뀌곤 한다.

가끔 내 인생의 절반이 음지였으면 나머지는 양지로, 내 인생 전부가 음지였으면 내 자식이 전부 양지로, 3대가 내리 음지였으면 3대가 내리 양지로 살게 되는 것 아닌가 생각해 보기도 한다. 태양은 햇볕과 그늘을 같은 크기로 준다. 늘 희비가 교차되는 삶을 살면서 그것이 자연의 이치 아닌가 생각해 본다.

흔히들 좋은 일이 있으면 조상의 음덕(蔭德)을 입었다고 한다. 양덕(陽德)을 입었다는 말은 없다. 음덕이란 조상의 소리없는 덕행의 의미하는 듯도 하지만 음지에서 고생했던 조상을 뜻하지 않을까 생각해 본다. 내가 고생하며 음덕을 쌓다 보면 내 자손 중 누군가는 동일한 크기의 양덕을 누리게 될 것이다.

그 이름만으로도 사람을 주눅들게 만들었던 세계정상을 달리던 메릴린치나 리만브러더스도 망하는 세상이다. 당장 힘들다고 낙담하기 보다는 현재 고행의 씨앗이 언젠가는 나 아니면 자손의 양덕으로 꽃핀다 생각하고 긍정적 마음으로 살아갔으면 한다.

곡식이 강하면 잡초가 죽는다

 손님을 응대하고 있는 직원을 모르고 방으로 잠깐 들어오라고 부르면 대략 두가지 답변을 듣게 된다.
 첫째는 "지금 손님이 있어서 못 들어가겠는데요."란 답변이고,
 둘째는 "지금 손님이 계시니 가시면 들어가겠습니다."란 답변이다.
 두 답변은 그 뜻이 다르고 매우 큰 차이가 있다.
 첫번째 답변은 '못 들어간다'는 데 초점을 맞추고 있고,
 두번째 대답은 '들어가겠다'는 데 초점을 맞추고 있다.
 첫번째 답변은 '왜 부르느냐, 귀찮다'는 인식을 심어 줄 수 있으나, 두번째 답변은 '흔쾌히 얘기를 듣도록 하겠다'는 느낌을 갖게한다.
 상대에 대한 배려나 범절로 호감어린 인상을 주면 늘 모두가 함께 있고 싶어하고 의외로 꼬였던 일들도 쉽게 풀릴 수 있다.
 신발을 만드는 회사에서 아프리카에 영업사원 두명을 보내 시장조사를 해 보라고 했다. 한명은 '여기는 신발을 신고 있는 사람이 한명도 없어서, 신발을 팔 수 없다.'는 의견을 내었고, 다른 한명은 '여

기는 신발을 신고 있는 사람이 한명도 없어서, 신발을 엄청나게 많이 팔 수 있겠다.'는 의견을 내었다.

　동일한 사안도 보는 이의 마인드에 따라 정반대의 결과가 나오게 되는 것이다. 잡초가 강하면 곡식이 죽고, 곡식이 강하면 잡초가 죽는다. 부정적 마인드가 강하면 긍정적 마인드가죽고, 긍정적 마인드가 강하면 부정적 마인드가 죽는다.

　실연의 상처를 위로하기 보다는 좋은 사람을 소개해 주는 것이 또 어둠을 쫓으려 노력하기 보다는 불을 밝히는 것이 현명하다.

　부정적 마인드를 지우려 하기 보다는 긍정적 마인드를 키우는 것이 현명하다. 긍정적 마인드를 키워 모두 밝고 힘차게 살아들 갔으면 한다.

사형수는 금은보화를 원하지 않는다

　교수형을 앞둔 사형수에게 왕은 무엇이건 들어 주겠다며 마지막 소원을 물었다. 만약 여러분이 그런 경우라면 무엇을 원했겠는가? '강남아파트나 용산 땅 이전등기', '장관이나 국회의원', '수십 수백억의 현금이나 금은 보화' 등등. 교수형을 앞두고 그런 것들을 원한다면 멍청하다고 손가락질 받지나 않을까?
　그 사형수는 재빨리 대답했다. "왕이시여, 저는 교수형으로 죽기보다 편안히 늙어 죽기를 원합니다."
　사형수에게 주어진 5분의 삶과 우리에게 주어진 50년의 삶은 시간적 길이 외에 과연 어떤 차이가 있을까. 짧건 길건 살아있는 동안 우리가 추구해야 할 삶의 본질이나 중요한 가치들은 동일하지 않을까? 우리 모두는 어쩌면 나면서부터 이미 사형선고를 받아 둔 사형수는 아닌가? 수 십 억년 동안 지구나이를 주관해 왔던 신의 입장에서 본다면 우리의 50년은 5초도 되지 않는 짧은 시간일 수 있을 것이다.

그런 삶을 살면서 부동산 평수를 늘리지 못해 안달하고 또 돈을 위해 친구를 배신하고 권력을 잡고 부정축재 하는 모습을 본다면 사형수가 마지막 소원으로 돈이나 권력을 원했던 것을 보는 것과 과연 무엇이 다를 것인가.

마지막 소원을 편안히 늙어 죽는 것을 택하신 분들은 현재 돈이나 권력보다 훨씬 소중한 것을 이미 획득한 것이나 다름없다. 문제는 그 소중한 시간을 어떻게 낭비하지 않느냐 이다.

온갖 부를 누리고 살면서도 늘 인상을 찌푸리고 사는 사람이 있는가 하면, 가난에 찌들려 살아도 언제나 웃음을 잃지 않는 사람이 있다. 돈으로 부를 얻을 수 있을지언정 삶의 최대 가치인 행복을 얻을 수는 없다. 가난할 때 행복하지 못한 사람은 부자가 되어서도 행복하지 못하다.

또 행복은 추구하는 것이 아니라 받아들이는 것이다. 가지지 못한 것을 불평하기 보다는 가진 것이라도 제대로 즐길 수 있는 여유가 있어야 할 것이다.

우리가 세상을 떠날 때 가지고 가는 것은 부동산이나 권력이 아니라 스스로에게 정직했고 맡겨진 책임을 다 했으며, 세상에 유익을 주었다는 양심의 흡족함과 내면의 평화일 뿐이다.

금은보화를 원하는 사형수를 비웃기 전에 나 또한 그런 우(愚)를 범하고 있지 않은지 스스로 돌이켜 보아야 겠다. 사람을 귀히 여기고 마음의 평화를 키워 갔으면 한다.

방울을 차서 스스로를 경계한다

패령자계(佩鈴自戒)라는 말이 있다. '방울을 차서 스스로를 경계한다.'라는 뜻으로, 나쁜 습관이나 단점을 고치기 위하여 스스로 노력하는 자세를 비유하는 말이다.

이상의는 선조와 광해군 때 이조 및 형조 판서 등을 지낸 인물로 당파에 구애받지 않고 인재를 등용하여 사람들이 그의 공정함을 칭찬하였다. 그러한 이상의도 어렸을 때는 성격이 매우 경솔하였다. 앉아서는 오래 견디지 못하였으며, 입을 열면 망발하기 일쑤였다. 그의 부모가 이를 근심하여 꾸짖는 일도 잦았다.

그러자 이상의는 작은 방울을 허리에 차서 스스로를 경계하였다(公佩少鈴以自戒). 방울소리가 들릴 때마다 더욱 경계하는 마음을 다잡았으며, 나가서나 들어와서나 앉아서나 누워서나 한시도 방울을 몸에서 떼어 낸 적이 없었다.

그러자 하루하루가 지나갈수록 방울소리가 조금씩 줄어들었고 중년에 이른 뒤에는 방울이 온전히 자신의 몸처럼 되어 마침내 소리가

들리지 않게 되었다. 여기서 유래하여 패령자계는 스스로 나쁜 습관을 고치려고 노력하는 것을 비유하는 고사성어로 사용된다.

　천둥같은 소리를 내며 남의 잘못을 고쳐 주겠다고 나서는 사람은 많지만 조그만 방울이라도 달아 자신의 잘못을 고치겠다는 사람은 찾아보기 어렵다. 자신의 귀를 막고 언론만 탓하던 지도자도 있었고 생각이 다른 사람을 사탄으로 몰아 붙이는 사탄같은 목사도 있었다.

　또 남의 단점만을 찾아 독기어린 댓글로 상처를 주는 네티즌도 있다. 모두가 남의 탓을 하며 불만만 가득하지 스스로의 단점을 돌아보거나 고치려고는 하지들 않는다.

　남의 흠집을 잡으려는 큰소리 보다는 먼저 자신을 경계하는 작은 방울이라도 달 줄 아는 사람들이 늘어 난다면 세상은 훨씬 조용해 지고 훨씬 아름다워지지 않을까 한다.

시련과 희생의 돌멩이를 기억하자

어느 유치원에서 소풍을 갔다. 목적지에 도착했을 때 시냇물이 아름다운 소리를 내며 흐르고 있었다. 갑자기 한 아이가 물었다. "선생님, 시냇물은 왜 소리를 내며 흘러가나요?" 선생님은 시냇물 소리를 들으며 마음이 맑아진다는 느낌만 가졌었지 한번도 시냇물이 왜 소리를 내는지에 대해 생각해 본 적이 없었기 때문에 선뜻 대답해 줄 수가 없었다.

소풍에서 돌아온 선생님은 이 책 저 책을 들추어 가며 그 이유를 알아냈다. 시냇물이 소리를 내는 것은 물 속에 돌멩이가 있기 때문이었다. 문득 돌멩이의 두가지 지혜를 떠올려 본다.

첫째, '시련'의 돌멩이다. 들쑥날쑥한 돌멩이가 있기 때문에 시냇물이 아름다운 소리를 내듯 시련과 맞 부딪칠 때 우리의 인생도 아름다운 소리를 낸다.

곱고 성숙한 인격은 고난의 돌멩이와 함께 해 온 사람에게만 주어지는 선물이다.

둘째, '희생'의 돌멩이다. 모두 시냇물의 아름다운 소리에만 귀 기울였지 눈길 한번 받지 못하는 돌멩이의 말없는 희생은 생각하지 않는다. 자신을 드러내지 않으며 세상을 아름답게 만드는 돌멩이가 많아졌으면 좋겠다.

농부의 땀은 보지 않고, 화려한 꽃만 부러워 하듯 돌멩이는 무시하고 좋은 소리만 바라보며 달려 왔다.

그러나 재벌가의 아들, 딸들이나 인기 연예인들이 자살하는 것을 보면 돈, 권력이 전부는 아닌 듯 하다. 집 정원만 비싼돈 들여 가꿀 것이 아니라 마음에도 풀과 나무를 심어야 한다.

그래야 기쁨의 새들이 삶 속에 진실된 행복의 둥지를 틀 수 있을 것이다. 돌멩이를 보며 시련이 삶을 더욱 아름답고 향기를 진하게 해 준다는 것을 깨우쳐 본다. 눈길 한번 받지 않고도 묵묵히 자기 역할을 해 내는 그 희생과 성실이 세상을 밝히는 참 등불일 것이다.

기쁘다는 백마디 말보다는
작은 미소가 더욱 소중한 진실이다

"knowledge is power" - '아는 것이 힘이다.'라고들 말한다. 그러나 좀 더 정확히 말한다면 아는 것이 힘이 아니라 아는 것은 반드시 실천을 통해서만 힘이 된다고 해야 하지 않을까 한다.

예전에 '노벨문학상을 수상한 영국작가 버나드 쇼와 정신박약자가 난파되었고 구명정이 1인용 단 하나 밖에 없다면 과연 누가 살아 남아야 하는가?'라는 질문이 회자 된 적이 있었다.

후세를 위한 불후의 명작들을 남기기 위해서 버나드 쇼가 살아야 한다는 의견이 많았다. 물론 정답은 없다.

그러나 정신박약자를 살리고 버나드 쇼가 죽는다면 그가 행동으로 보여준 숭고한 희생정신은 그가 살아 남아 쓰게 될 그 어떤 소설보다도 후세의 귀감이 될 것이다는 의견이 단연 돋보였다. 오백권 분량의 훌륭한 말보다는 단 한번의 훌륭한 실천에서 더 많은 것을 깨우칠 수 있을 듯 하다.

슬프다는 백마디 말보다는 한방울 눈물이, 기쁘다는 백마디 말보다는 작은 미소가 더욱 소중한 진실이다. 큰 소리보다는 작은 실천이 중요한 법이다. 까치와 함께 소나무 위에서 살아가던 조과선사(鳥菓禪師)를 그 고을을 다스리던 지방장관이자 당대 대표적 시인인 백낙천이 찾아갔다. 나무위에서 좌선을 하는 스님의 모습이 아슬아슬해 보여 "선사의 모습이 너무 위험합니다."하고 소리치니 선사가 아래를 내려다 보며 "자네가 더욱 위험하네"하고 말하였다.

백락천이 어이없어 하면서 "나는 벼슬이 자사에 올라 강산을 진압하고 또 이렇게 안전한 땅을 밟고 있거늘 도대체 무엇이 위험하단 말이요?"하니 "나야 나무 위에 살아도 무욕으로 살아가니 어디에 있어도 편안하지만 세속은 벼슬과 재물, 번뇌가 끝이 없고 탐욕의 불길이 쉬지 않는 곳이니 자네가 더 위험하지 않는가!"

백락천은 선사의 기개에 눌려 '제가 평생에 좌우명을 삼을만한 법문을 한 귀절 듣고 싶습니다.'하고 애초에 선사를 시험하려 했던 불손한 태도를 바꿔 공손한 자세로 가르침을 청했다.

"나쁜 짓을 하지 말고(諸惡莫作:제악막작), 착한 일을 행하시오(衆善奉行:중선봉행)."

고승이라는 소문을 듣고 일부러 멀리서 찾아와 묻는 그에게 이 대답은 너무도 뜻밖이었다. 이건 누구나 알고 있는 평범한 상식에 불과했다. 보다 심오한 불교의 근본정신을 기대했던 그로서는 실망이 컸다. 그가 내뱉듯이 말했다. "그런 건 세 살 난 어린애도 다 알고 있지 않습니까?"이때 선사가 엄숙히 대답했다.

"그렇지, 세 살 먹은 어린애도 다 알고는 있지만 팔십 노인일지라도 행하기는 어렵다네." 이 말에 그는 크게 회심, 정중히 절을 하고 물러갔다고 한다. 알고 있다는 것과 행동 한다는 것은 별개의 문제다. 머리로는 알았을 지라도 실천이 따르지 않으면 공허한 관념에 지나지 않는다. 마음을 맑게 하자는 것도 몸을 건강하게 하자는 것도 모두 이젠 실천을 해야 할 때다.

깊은 물은 메아리가 없다

목계(木鷄)는 삼성의 고(故) 이병철회장께서 이건희회장께 교훈으로 선물하신 것으로 장자(莊子)의 달생편(達生篇)에 나오는 말이다. 싸움닭을 잘 만들기로 유명한 기성자라는 사람이 왕의 지시에 따라 싸움닭을 훈련시켰다.

열흘쯤 뒤 왕이 "이제 대충 되었나?"고 물었다. 기성자는 "아직 멀었습니다. 지금 한창 허장성세를 부리고 있는중입니다"라고 답했다. 열흘이 또 지나 왕이 "이젠 대충 되었겠지?"고 묻자, 그는 "아직멀었습니다.

다른 닭의 울음소리나 그림자만 봐도 덮치려고 난립니다." 다시 열흘이 지나 왕이 또 묻자 기성자는 "아직도 훈련이 덜 됐습니다. 적을 오직 노려보기만 하는데 여전히 지지 않으려는 태도가 바뀌지 않고 있습니다."

그리고 또 열흘이 지나 왕이 묻자 기성자는 "대충 된 것 같습니다. 상대 닭이 아무리 소리를 지르고 덤벼도 전혀 동요하지 않습니다.

멀리서 바라보면 흡사 나무로 만든 닭 같습니다. 다른 닭들이 보고는 더 이상 반응이 없자 다들 그냥 가버립니다."고 기성자는 대답했다. 목계는 '나무로 깎은 닭'이지만 그 뜻은 '최고의 경지에 이르러 무엇에도 흔들림이 없는 상태'를 이른다.

상대가 아무리 물어 뜯으려 해도 나무로 깎아 만든 닭처럼 초연하게 대처하라는 교훈을 담고 있다. 또 싸움닭이 잘 훈련되어 있으면 싸움을 하지 않더라도 위용을 갖춰 어떤 싸움닭도 범접하지 못한다는 즉, 칼을 들고 있되, 휘두르지 않고 목적을 달성하는 것이 최선의 상책이라는 손자병법의 상지상(上之上, 싸우지 않고 이기는 것)의 교훈을 담고 있다.

왕이나 CEO나 모두 산같은 듬직함이 있어야지 너무 나서기 좋아하고 경박하게 굴어서는 안된다는 의미를 우회적으로 간언한 것이다. 깊은 물은 메아리가 없고 메아리가 있는 물은 깊지가 않다. 매는 조는 듯 날개를 접고 있지만 짹짹대는 참새보다 무서운 법이고, 호랑이는 병든듯 느릿느릿 걷지만 사납게 짖어대는 개보다 무서운 법이다. 진정한 고수는 허한듯 자신을 숨겨도 누구든 함부로 싸움을 걸지 못하는 법이다.

싸워서 이기면 상처를 입게 마련이고 싸우지 않고 이기는 것이 진정한 승자다. 사소한 것들에 민감하게 반응하지 말고 모두 목계를 가슴에 새기고 살았으면 좋겠다.

| 2부 |

여름, 상선
(相善)

풀이 받은 상처는 향기가 된다

"의인(義人)은 향나무처럼 자기를 찍는 도끼에도 향기를 묻힌다 (The just man, like sandalwood, perfumes the blade that cuts him down)."

프랑스의 화가 루오의 그림 제목이다.

향나무의 입장에서 보면 자기를 찍는 도끼는 원수다. 그럼에도, 향나무는 자신의 아픔을 뒤로하고 원수의 몸에 아름다운 향을 묻힌다. 소록도 한센병 환자들 수용소인 애양원 교회에서 나환자들에 대한 구호사업과 전도활동을 했던 '사랑의 원자탄'의 손양원 목사에게는 손동인, 손동신이라는 두 아들이 있었다.

1948년 10월 여순사건 때 두 형제는 학교에서 기독교 복음을 전하며, 공산주의의 잘못을 폭로하다가 인민재판에 회부되었다. 두 형제는 서로 대신하여 죽기를 자원하다가 한꺼번에 무자비하게 총살당했다.

손 목사는 "나같은 죄인의 혈통에서 순교의 자식들을 나오게 하였으니 하나님께 감사드린다."라며 억장이 무너지는 장례식을 마친 후, '원수를 사랑하라' 라는 성경말씀을 실천하기 위해 두 아들을 총살한 원수를 찾아서 아들로 삼겠다고 결심하였다.

여순사건이 진압된 후 동인, 동신 형제를 죽인 자 중의 하나인 '안재선' 이라는 학생이 체포되어 총살을 당하게 되자, 손 목사는 그의 구명을 탄원하여 원수를 양자로 삼은 후 극진히 사랑하였고, 그를 전도사로 키워내는 놀라운 용서의 실천을 보여주었다.

진짜 향나무와 가짜 향나무의 차이는 도끼에 찍히는 순간 나타난다. 요즘 인테리어로 사용하는 조화나 인조 나무들은 너무나 진짜 같아 얼핏 보면 진짜와 구별하기 어렵다. 레스토랑같이 조명이 좀 어두운 곳에서는 더욱 그렇다.

그럴 때 나도 모르게 잎을 하나 따서 냄새를 맡아보는 때가 있다. 아무런 냄새가 없거나 플라스틱 냄새가 나면 속았다는 생각이 들기도 하고, 한편으로는 '참, 이렇게 진짜와 똑같이 만드는구나!' 하고 감탄하기도 한다.

결국, 나무나 풀은 상처받을 때 향기를 내는 법이다. 평소 겉모습은 같아 보이지만 고통과 고난이 닥치면 진짜는 향기를 내뿜는다.

사람도 마찬가지다. 정말 지혜로운 사람은 고난이나 시련이 왔을 때, 그것을 극복하는 놀라운 힘을 보여준다.

상처 없이 성장하는 인간은 없다. 우리가 존경하는 모든 위인이나 성공한 사람들은 상처를 치유하고 역경을 돌파하여 자신의 입지를 다진 것이다.

풀이받은 상처는 향기가 된다.

군자는 친소관계보다 대의를 중시한다

'교활한 토끼를 죽이고 나면 달리던 사냥개를 가마솥에 삶고(교토사주구팽:狡兔死走狗烹), 높이 나는 새를 잡고 나면 좋은 활을 광에 버리고(비조진양궁장:飛鳥盡良弓藏), 적국을 무너뜨리고 나면 일을 도모하던 신하를 죽인다(적국파모신망:敵國破謀臣亡)'

천하를 통일한 한고조 유방은 모신(謀臣)들을 하나씩 죽여 갔다. 한신은 유방이 미워하던 자신의 옛 친구 종리매의 목까지 바쳤지만 결국은 유방 부인인 여후의 손에 죽게 된다. 한신은 죽으면서 "괴통의 말을 들었더라면 아녀자에게 이렇게 허무하게 당하지는 않았을 것을,,,"하며, 후회한다. 괴통은 유방이 천하를 통일하기 전에 한신에게 '지금 남쪽은 항우가 서쪽은 유방이 동쪽은 당신이 차지하고 있다. 당신이 어느 쪽에 가담하느냐에 따라 천하의 대세가 결정될 것이다.

천하를 셋으로 나눠 대세를 관망하는 것이 어떤가.' 라고 충고했었다. 적국파 모신망(敵國破謀臣亡)이니 차라리 독립하라는 뜻이었을 것이다. 이 얘기를 전해들은 유방은 즉시 괴통을 잡아들여 팽형(烹刑) 즉, 삶아 죽이라는 명령을 내린다. 괴통의 마지막 항변은 많은 생각을 하게한다.

"사람의 간까지 끄집어 내 먹는 포악한 도적인 도척의 개도 요임금을 보면 짖는 법입니다. 이는 요임금이 인덕이 없기 때문이 아니라 개의 주인이 아니기 때문입니다. 개는 자기 주인이 아니면 선인(善人)이든 악인(惡人)이든 가리지 않고 무조건 짖기 마련입니다. 당시에는 한신만이 저의 유일한 주인이었고 저는 폐하를 모르고 있었습니다. 폐하가 어질지 않아서가 아니라 한신만 알고 있었기에 그리한 것입니다. 저를 삶아 죽이듯 앞으로 반대파에 섰던 그 많은 사람들을 모두 삶아 죽이려 하신다면 나라가 어찌되겠습니까?" 밉다고 모조리 죽일 수는 없는 일. 유방은 괴통을 살려 준다.

'걸견폐요(桀犬吠堯)'. 포악한 걸왕의 개가 어진 요임금을 보고 짖는 것을 과연 의(義)라 할 수 있을까. 의(義)에는 소인의 의(義)와 군자의 의(義)가 있는 듯 하다. 소인은 친소관계를 따지지만 군자는 옳고 그름을 따진다. 선악을 떠나 막부 보스 1인을 위해 목숨을 바치던 충견(忠犬), 일본 사무라이의 의(義)를 소인의 의(義)라 한다면, 보스 1인보다는 민(民)을 위해 목숨 걸고 충언하던 충신(忠臣), 우리 선비의 의(義)는 군자의 의(義)일 듯 하다. 사회나 조직생활을 하면서 우리는 의(義)에 대해 많은 이야기를 한다.

그러나 그 의(義)가 개인적 친소관계를 중시하는 패거리의 의(義), 소인의 의(義)가 되어서는 안될 것이다. 모든 일은 '누구와 친하냐'가 아니라 '무엇이 옳으냐'를 중심으로 판단해야 한다. 친하다고 마지못해 동조하기 보다는 선악을 명확히 충고해 주는 것이 참으로 아끼는 사람을 위하는 길이고, 진정한 의(義)다. 또한 자신의 주장에 동조해 주지 않는다고 서운해 하기 보다는 자유롭고 진지한 토론을 하며 실로 '다수를 위한 길'을 가고 있는가를 먼저 숙고해 보아야 할 것이다. 자유롭고 다양한 견해들을 존중해 가며 또 가슴깊이 군자의 의(義)를 실천해 가며 맑고 정의가 살아 숨쉬는 사회를 만들어 가야 할것이다.

신선이 사는 산이 명산이다

누실명(陋室銘) -누추한 집에 부쳐-
유우석(劉禹錫)

山不在高有仙則名(산불재고 유선즉명)
산이 높지 않아도 신선이 있으면 이름난 산이요.

水不在深有龍則靈(수불재심 유용즉영)
물이 깊지 않아도 용이 있으면 신령한 물이라지.

斯是陋室惟吾德馨(사시누실 유오덕형)
이곳은 비록 누추한 집이나 오직 나의 덕으로도 향기가 난다네.
[이하 략]

산의 값어치는 높은 데에 있지 않다. 신선이 살고 있다면 그게 바로 명산이다. 물의 값어치는 깊은 데에 있지 않다. 용이 살고 있다면 그게 바로 신령스런 물이다.

"신선이 살고 있으면 그게 곧 명산이고 용이 살고 있으면 그게 바로 영담(靈潭)이듯, 내가 살고 있는 이 집은 외형은 비록 보잘 것 없는 누옥이지만 내가 살고 있음으로 인하여 나의 덕(德)이 뿜어내는 덕향(德香)때문에 향기가 감도는 집이 될 것이다.

공자께서도 일찍이 말씀하셨다. '그 곳에 군자가 살게 되었는데 어찌 더 이상 그곳을 누추하다고 할 수 있겠느냐'고." 덕성을 함양하고자 하는 강한 의지와 함께 대단한 자부심이 표현된 명구다.

아무리 황금으로 장식된 고루거각(高樓巨閣)이라고 하더라고 쓰레기 같은 생각을 가지고 있는 사람이 살고 있다면 그 집은 더 이상 고루거각이라고 할 수 없다. 단지 쓰레기 냄새가 풍기는 쓰레기 매립장 같은 곳일 뿐이다. 사람의 덕으로 인하여 웃음과 향기가 나는 집, 그게 바로 집다운 집인 것이다.

집의 외형에 수십, 수백억원을 투자하려 하지말고 마음에 덕의 향기를 심도록 해야 한다. 수십억원을 들인 쓰레기 매립장에서 사는 신세를 면하고 진정으로 향기가 나는 집다운 집에서 살아야 할 것이다. 똥을 화려한 포장지에 싼다고 금이 되지 않고, 금을 신문지에 싼다고 똥이 되지는 않는다.

포장지만 화려한 겉치레보다는 마음속 덕을 길러 스스로를 진정한 보석으로 다듬어 갔으면 한다.

말은 생각을 담는 그릇이다

예전에 조지타운대 학생회장을 지내신 미국정계의 거물이셨던 한국분을 뵌 적이 있었다. 그 분께서 이런저런 말씀 끝에 고급영어에 대한 언급을 잠깐 하셨다.

영어를 멋지게 한다는 것은 미국인처럼 혀를 잘 굴린다는 것이 아니라 한국 발음그대로 또 좀 어눌한 듯 하더라도 얘기하고자 하는 내용을 간결, 정확하게 표현하는 것이 실로 고급영어라고 하셨다.

문득 '감옥으로부터 사색'으로 잘 알려지신 신영복선생님의 말씀이 생각났다. 선생의 할아버님께서 어느날 누님들의 영어 교과서를 보시다가 "I am a boy. You are a girl."로 시작되거나 심지어는 "I am a dog. I bark."로 시작되는 문장을 접하시고는 길게 탄식하셨다고 한다.

할아버님께서 한문을 배우시던 시절, 천지현황으로 시작되는 천자문처럼 천지와 우주의 원리를 천명하는 교과서와 지금의 영어교과서는 그 정신세계에 있어서 엄청난 차이를 보였기 때문이었을 것이다. 천지현황(天地玄黃:하늘은 검고 땅은 누르다.)과 "나는 개입니다. 나는 짖습니다"의 차이는 크다. 아무리 언어를 배우기 위한 어학 교재라 하더라도 그렇다.

  어학자체도 중요하겠지만 그것에 담겨 있는 내용을 다듬어 가야 한다. 좋아하는 사람이 생기면 그를 자주 바라보게 되듯 좋은 문장을 발견하기만 하면 어학은 자연히 습득되어 진다.

  마음에 드는 문장을 만나고 암기하고 실생활에 구사할 수 있으면 충분하다. 말은 생각을 담는 그릇이다. 오물을 담으면 좋은 그릇도 빛을 잃고, 보석을 담으면 투박한 그릇도 빛나게 된다.

  그릇 자체보다는 그릇 속에 담긴 것이 무엇인지가 더욱 중요하다. 혀를 잘 굴리고 외국인 흉내를 잘 내기 보다는, 자신의 철학과 세계관을 다듬고, 뜻을 정확히 요약해 낼 수 있는 사고력을 길러가야 할 것이다.

꽃은 흔들리면서 피어난다

흔들리지 않고 피는 꽃이 어디 있으랴

이 세상 그 어떤 아름다운 꽃들도
다 흔들리면서 피었나니
흔들리면서 줄기를 곧게 피어나니

흔들리지 않고 가는 사랑이 어디 있으랴

젖지 않고 피는 꽃이 어디 있으랴

이 세상 그 어떤 빛나는 꽃들도
다 젖으며 피었나니
바람에 비에 젖으며 꽃잎 따뜻하게 피었나니

젖지 않고 가는 삶이 어디 있으랴

(흔들리며 피는꽃 - 도종환)

"애벌레가 나비가 되기 위해 고치구멍을 뚫고 나오는 광경을 오랫동안 관찰했다. 나비는 작은 고치구멍을 뚫고 나오기 위해 몸부림을 치고 있었다.

나는 긴 시간 애를 쓰고 있는 나비가 안쓰러워 가위를 가져와 고치구멍을 조금 뚫어 주었다. 이제 나비가 화려한 날개를 펼치면서 창공을 날아다니겠지 하고 기대하고 있었는데, 나비는 날개를 질질 끌며 바닥을 왔다갔다 하다가 죽어버렸다.

나비는 땅을 박차고 하늘을 향해 날아오를 만한 힘을 갖지 못했던 것이다. 나비는 작은 고치구멍을 빠져나오려 애쓰는 가운데 날개의 힘을 키우게 되어 있는데, 내 값싼 동정이 그 기회를 없애버린 것이다."

곤충학자 찰스 코우만은 자신의 실수를 이렇게 고백했다. 이 일화는 나비가 비상하려면 고치에서 고통스럽게 빠져 나오는 과정을 거쳐야만 한다는 것을 알려 준다.

꽃이 세파에 흔들리며 아름다움을 키우듯 나비는 고치의 장벽을 뚫으며 생존의 힘을 키워 간다.

나만의 역경인 듯 하나 꽃의 역경이요 나비의 역경이다. 겨울이 모두의 겨울이듯 역경 또한 모두의 역경인 것이다. 참을 수 없었던 고통도 지나고 나면 잊지 못할 추억이 된다.

영원한 어려움이 아니라 순간의 어려움일 뿐이다. 시련의 밤을 환한 새벽디딤돌로 만들어 갔으면 한다.

나누어야 할 것은 돈이 아니라 마음이다

연저지인(吮疽之仁)이란 말이 있다. 장수가 자기 부하의 종기를 빨아서 병을 고쳤다는 뜻으로 윗사람의 부하에 대한 극진한 사랑 또는 목적달성을 위한 가면적 사랑을 의미한다. 전국시대 초기 위(衛)나라의 병법가인 오기(吳起)는 출세를 위해 부인을 죽일만큼 탐욕스럽고 간악했지만 병법에서는 뛰어났다.

장군이었지만 신분이 가장 낮은 사졸과 함께 의식을 함께하고 잠을 잘 때도 깔 것을 쓰지 않았다. 말이나 수레를 타지않고 외출하고 식량을 손수 짊어질 정도로 검소했다. 한번은 병졸 가운데 종기를 앓는 자가 있어서 오기가 고름을 빨아 주었다.

병졸의 어머니는 이 말을 듣고 통곡을 하였다. 사람들이 이상히 여겨 그 연유를 물었다. "병졸의 신분을 가진 당신 아들에게 장군이 직접 입으로 고름을 빨아 주었으면 고마워해야지 어찌 그리 섧게 우시오?" 그 어머니가 대답했다. "지난 날에 장군은 저 아이 아버지의 종기를 빨아주었습니다.

감격한 저 애 부친은 전쟁터에서 앞장서 용맹하게 싸우다 죽었습니다. 이번에 장군께서 또 저애의 종기를 빨아 주시니 나는 저 애도 언제 죽을지 몰라서 우는 것입니다." 오기장군은 돈, 권력과는 전혀 관계없이 고름을 빨아 주는 것으로 병사의 목숨을 살 수 있었다.

상대를 감동시키거나 남에게 줄 수 있는 것은 꼭 물질적인 것만 있는 것이 아니다. 최고의 기부는 진실된 마음을 주는 것이다.

사람들은 흔히 남에게 베풀기보다 도움 받기를 더 원한다. 내가 무언가 남에게 도움이 되었을 때 그 뿌듯함은 돈으로 환산할 수 없음에도 불구하고 남을 돕는 데는 인색하다.

나눔과 베품을 얘기하면 으레 자신은 가진 것이 없다고들 한다. 돈만을 떠올리거나 가슴이 빈곤하기 때문이다. 나눔과 베품은 돈이나 권력에서 오는 것이 아니다. 진실된 마음, 따뜻한 마음만 있다면 돈이 없더라도 세상에 줄 수 있는 것은 많다.

재능보유자의 무료공연에서부터 산행시 던져주는 짧은 덕담에 이르기까지 작은 마음이라도 내가 가진 최선의 것을 주면 되는 것이다. 받기만 하겠다는 거지근성을 버리고 내가 줄 수 있는 것이 무엇인가를 찾아 보았으면 한다.

주위 사람들에게 매일 하나의 유머를 준비해서 얘기해 줄 수도 있고 짤막한 안부 문자를 줄 수도 있다. 이도 저도 생각이 나지 않으면 무조건 환한 미소라도 주는 연습을 했으면 한다.

사고와 습관만 고친다면 내가 세상에 줄 수 있는 것은 의외로 많다. 받으며 빚쟁이로 살기보다 주면서 기분좋게 사는 연습을 했으면 한다.

증오와 분노의 사슬을 끊고
공존의 지혜를 깨우쳐 가자

　백년전쟁 때 영국 왕 에드워드 3세는 칼레를 침공했다. 시민들의 완강한 저항에 분노한 영국 왕은 칼레 함락 후 순순히 항복을 받아들이지 않았다. "항복을 받아 주는 대신 지도급 원로 여섯 명을 처형하겠다." 칼레시민의 전멸을 막으려면 24시간 안에 지도급 원로 여섯명이 나서야 했다.
　먼저 가장 부유한 외스타슈 드 생 피에르가 나섰다. "자 칼레의 시민들이여,,, 나오라,,,용기를 가지고,,," 시장이 나섰고 대상인이 나섰다. 그의 아들도 나섰고, 또 또 또,, 드디어 일곱 명이 되었다. 한 사람은 빠져야 했다. 제비를 뽑자는 말도 있었지만 제비뽑기는 용기가 아니다.
　생피에르는 "내일 아침 장터에 제일 늦게 나오는 사람을 빼자" 제의했고 이에 모두 동의했다. 그들의 고통의 밤은 그렇게 깊어만 갔다. 그들인들 삶에의 애착, 죽음에의 고뇌가 어찌 없었겠는가. 이튿날 아침. 여섯 명이 모였다. 그런데 단한 사람, 생 피에르 그는 오지 않았다. 사람들은 모두 그가 궁금했다. 모두 안 나와도 그는 나올 사람이다. 그렇게 용감한 그가 왜, 무엇 때문에??

그의 집으로 달려 갔을때 그는 이미 죽어 있었다. 죽음을 자원한 사람들의 용기가 약해지지 않도록 칼레의 명예를 위해 그는 스스로 목숨을 끊었던 것이다.

그의 죽음은 무엇을 지켜야 하는지 어떤 삶이 진정 값진 것인지를 조용히 말해준다. 인간에 대한 뜨거운 사랑.목숨을 건 실천적 지킴. 영국 왕은 놀랐다.

칼레 시민들의 두려움없는 태도가 그를 감동시켰다. 왕은 나머지 다섯명을 모두 방면하고 칼레에서 철수했다. 훗날 칼레시는 이들의 용기와 헌신을 기리기 위해 생피에르의 조각상을 제작하기로 했고, 이것이 로댕의 〈칼레의 시민〉을 탄생시켰다. 1895년 6월 3일 드디어 기념상은 제막되었다.

아파트 평수나 땅의 소유면적이 선망의 대상이 되는 사회, 병역면제와 이중국적이 특권층의 당연한 권리로 여겨지는 사회에서는 칼레의 시민같은 노블레스 오블리주가 매우 낯설고 생소하다.

로마 귀족들의 공공봉사와 기부, 헌납 등의 전통은 많은 생각을 하게 한다.특히 제2차 포에니전쟁 중 최고 지도자인 콘술(집정관)의 전사자 수만 해도 13명에 달할 정도로 전쟁에서도 귀족층의 솔선수범이 있었기에 로마는 고대 세계의 맹주로 자리 잡을 수 있었다.

실제로 제1차 세계대전과 제2차 세계대전에서는 강남 8학군과는 비교도 되지 않는 부와 명예와 전통을 가진 영국의 최상류층 자제가 다니던 이튼칼리지 출신 중 2,000여 명이 전쟁에 자원하여 전사를 하였고, 묘비만 수킬로미터에 달할 전도로 학교 자체가 거대한 무덤을 연상케한다.

포클랜드전쟁 때는 영국 여왕의 둘째아들 앤드루가 전투헬기 조종사로 참전했다.

  6·25전쟁 때에도 미군 장성의 아들이 142명이나 참전해 35명이 목숨을 잃거나 부상을 입었다. 당시 미8군 사령관 밴플리트의 아들은 야간폭격 임무수행 중 전사했으며, 대통령 드와이트 아이젠하워의 아들도 육군 소령으로 참전했다.

  중국 지도자 마오쩌둥이 6·25전쟁에 참전한 아들의 전사 소식을 듣고 시신 수습을 포기하도록 지시했다는 일화도 유명하다.

  불특정 다수를 향한 이유없는 끔찍한 범죄를 접할 때 마다 칼레의 시민들도 그런 범행을 저질렀을까를 되집어 본다.

  단지 개인의 성격결함으로 치부하여 그를 왕따시키고 정부의 대비책 부족을 탓하면 그것으로 족할까? 어쩌면 '소외된 삶'을 양산해내는 또 꿈많고 아름다운 10대 때부터 거지밥과 왕따를 즐기는 '비정하고 이기적인 한국 사회'가 아니 우리 모두가 공범이 아닐었을까 생각해 본다.

  노블레스 오블리주를 되새겨 보며 계층간 대립을 없애고 인간의 아픔을 함께 하는 사회를 만들어 갔으면 한다.

  증오와 분노를 사슬을 끊고 공존의 지혜를 깨우쳐 갔으면 한다.

포용력과 다양성을 키워가자

　실존주의를 제창한 위대한 프랑스 철학가이자 문학가인 사르트르는 프랑스의 현대사의 가장 어두운 역사로 알제리 전쟁때 스스로 알제리 독립자금 전달책으로 나섰다.
　프랑스에 살고 있는 알제리인들이 갹출한 독립군자금이 들어 있는 돈가방의 전달 책임자를 자원했던 것이다. 그의 행위는 말 그대로 조국에 대한 반역행위였다. 당연히 사르트르를 처벌해야 한다는 소리가 드골 측근들의 입에서도 나왔다. 이에 대해 드골은 이렇게 간단히 대꾸했다.
　"그냥 놔 두게. 그도 프랑스야!"
　학교에서부터 '경쟁에 승리한 자가 패배한 자를 지배한다'는 적자생존의 논리를 배워가는 것이 국가경쟁력 통하는 또 나와 다른 생각을 가진 모든 사람들을 타도해야 할 적으로 간주하는 사회에서는 도저히 이해할 수 없는 말이다.
　이물질을 받아들여 살을 에이는 고통을 감내했을 때 영롱하고 아름다운 진주가 만들어 진다고 좋은 말을 수시로 되 뇌는 사람들도 자신과 다른 주장은 절대 용납하지 않는다.

좌파니 우파니 편을 갈라 서로 아귀다툼을 벌리는 곳에서는 진주도 성장동력도 자랄 수가 없다. 부패를 막기 위해서는 소금이 필요하고 새는 좌우의 날개를 모두 가져야 멀리 날 수 있다는 평범한 진실을 되새겨 보았으면 한다.

1995년 11월~12월 프랑스 공공부문 총파업 적에는 지하철, 고속철, 전차, 기차, 시내버스 등 모든 대중교통수단이 완전 멈춰섰다고 한다. 단, 한 대도 운행하지 않았다.

1시간 30분정도 걸리던 출퇴근 길이 5~6시간 걸리고, 자동차가 총연장 500킬로미터 이상 막히는 진기록을 수립했다고 할 정도로 난리가 났던 것이다. 그러나 언론과 지식인이 '국가전복행위'나 주동자의 사법처리, 공권력투입을 외치지는 않았다.

오히려 "불편하지만 나는 파업노동자를 100%지지하고 있다."라는 중년부인의 웃는 인터뷰가 나왔다고 한다.

또 2001년 11월 프랑스경찰 3만명이 파리에서 시위를 벌였는데 국민 90%가 이를 지지했다고 한다.

'경찰, 왜 이러나'나 민생치안 어쩌고 따위의 사설을 실은 신문도 없었고, 또 그런 글을 기고하는 지식인도 없었다고 한다. '모든 파업은 불법이다'고 부추기는 지식인이나 언론이 사라져야 '왜?'라는 원인 분석과 공정한 해법을 찾아가려는 시도들이 자리잡을 수 있지 않을까 생각해 본다.

소크라테스의 악법도 법이다란 말은 그런 말을 했느니, 아니했느니부터 과거 독재정권에 의해 참 많이 악용되기도 한 경우이다.

어쨌건 소크라테스가 악법을 준수한 까닭은 무엇이겠는가?

핵심은 '공정한 토론 끝에 내려진 결론'이라는데 있다. 소크라테스에게 내려진 사형판결은 소수의 사람이 밀실에서 만들어 낸 판결이 아니다. 수백명의 배심원들을 상대로 소크라테스는 자신의 철학을 마음껏 설교했으며 배심원들은 충분히 경청했고 또 논의를 했다.

공정한 토론을 거쳐 내린 결론이었기에 소크라테스는 도망칠 수 없었고 그 결론을 따랐던 것이다. 자신의 의사를 표명할 충분한 기회를 보장받는 것, 또 다양한 견해를 진지하게 경청해 주는 것 그리고 자유로이 토론을 하는 것 이런 토대하에서 내려진 결론은 총칼보다 무서운 것이고, 모두가 존중해야 한다.

언론이나 반대자를 내편으로 만들기 위해 애쓰기 보다는 내 주장이 오류가 없고 의로운가를 깊이 숙고하고 다듬어 가야 할 것이다. 그리고 "그도 프랑스야!"라는 통 큰 포용력을 배워 갔으면 한다. 다양성을 존중하고 상대를 배려하며 대화와 토론의 문화를 꽃피워 가야 사회가 건강한 성장을 할 수 있을 것이다.

감을 보며 삶의 지혜와 정리(情理)를 깨우친다

겉과 속의 빛깔이 같은 과일은 많지가 않다. 가을을 대표하는 감은 겉과 속이 같이 붉어 충(忠)을 상징하며 또한 열매가 부드러워 노인도 부담없이 먹을 수 있기에 효(孝)를 나타내기도 한다.

감은 우리와 가장 친숙한 과일이다. 벼가 사람 발자국 소리 듣고 자라듯 감도 사람 숨소리, 사람 말소리를 들어야 달린다.

사람들이 떠나버린 빈 집의 감나무에는 감이 열리지 않는다고 한다. 감나무는 할머니의 옛날얘기, 아버지의 호통, 아이들의 울음소리를 들으며 그집 식구가 되어가는 것이다.

빈 집이 늘고 감나무들이 감을 달고 있지 않으면 우리는 돌아갈 고향도 잃어버릴지 모른다.

감은 봄부터 가을까지 그 잎과 꽃과 열매로 온갖 아름다움을 보여주고, 맛을 보여주고, 감동을 안겨주고, 쉼터를 내어주고, 깊은 깨달음을 준다. 우리는 감을 보며 세상을 사는 몇가지 지혜를 깨우친다.

첫째, 감의 겸양(謙讓)이다. 모든 나무들이 서로 먼저 봄을 맞이하려고 앞장을 다투지만 감은 그 차례를 모두 양보하여 주고 봄에도 느지막한 5월에 들어서야 유난히 눈부신 빛으로 나타난다. 겸양의 아름다운 마음이 있기에 유달리 윤기가 나는 듯 하다.

둘째, 감의 나눔과 베품이다. 감은 자신의 꽃을 희생하여 굶주린 사람의 허기를 달래준다. 감꽃은 보릿고개를 넘기는 사람들에게 허기를 달래주는 이 세상에서 가장 고마운 생명의 꽃이다.

셋째, 감의 조화(調和)와 부쟁(不爭)정신이다. 감나무 잎만큼 곱고 아름다운 잎은 없다. 빨강과 노랑과 풀빛 세가지 빛깔이 섞여 어우러진 감나무잎은 어울려 함께하는 삶의 아름다움을 그대로 보여준다.

또한 찬란한 잎을 떨군채 둥치와 앙상함만 남은 겨울의 감나무 가지는 결코 다른 가지가 뻗어가는 쪽으로 같이 다투어가는 일이 없고, 가지끼리 부딪치지 않는다. 감나무 가지를 살펴보면 쪽 곧게만 뻗어있는 것이 없이 구불구불하다. 다투지 않고 상생(相生)하는 깨우침을 준다.

넷째, 감은 절제의 미덕을 가르쳐 준다. 감을 따다보면 그 붉은 유혹을 뿌리치기가 매우 어렵다. 1cm만더 손을 더 뻗으면 되는데 하며 조금 더 욕심을 내다보면 가지가 부러지고 나무 아래로 떨어지고 만다. 사람의 손길만큼만 따고 남은 것은 까치에게 주라는 자연의 가르침인 듯도 하다. 절제된 여백의 미가 아름답듯 욕심을 경계하고 공존의 아름다움을 깨우쳐 가야 할 것이다.

김준태님의 "감꽃"은 아련한 추억을 떠올리게 한다.

"어릴 적엔 떨어지는 감꽃을 셌지
전쟁통엔 죽은 병사들의 머리를 세고

지금은 엄지에 침 발라 돈을 세지
그런데 훗날엔 무엇을 셀지 몰라."
 이 시를 읽으면 어릴 적 그 친구들이 그립기도 하고 또 변한 우리의 모습이 서글퍼 지기도 한다. 돈을 세던 손으로 다시 감꽃을 셀 수 있을까?

배고픈 날 가만가만 주워먹던 꽃.
배고픈 우리곁에서 말없이 수줍게 숨어 피던 꽃.

침 발라가며 돈을 세는 탐욕스런 눈으로
감꽃 너머 새파란 하늘을 바라볼 수 있을까?

앞으로 우리는 무엇을 세며 살까?
죽는 그 날까지 돈만 셀 수는 없지 않는가?

 그것은 전쟁터에서 죽은 병사의 머리를 세는 것보다 더 끔찍한 일이 아닐까?
 감꽃목걸이를 만들던 어릴적 순수함이 그립다. 풀 한 포기, 벌레 한마리도 나와 같은 목숨이라 생각해서 말을 하고 싶어하고 그들과 같이 살고 싶어했던 그 티없던 마음이 그립다. 까치를 위해 감 몇 개 남겨두던 넉넉함이 그립다.
 붉은 홍시를 보며, 감나무를 보며, 자연의 너른 품을 생각해 보며 삶의 여유를 되새겨 보았으면 한다.

불행은 탐욕에서 온다

'혜음래'은 경기도 파주시 광탄면 용미리에 있는 고개로 옛날에는 한양에서 개성이나 평양·의주 등 서북쪽으로 가려면 반드시 넘어야 했던 고개이다.

이 고개 주변에는 울창한 산림이 우거지고 으슥해서 예전에는 도둑들이 수시로 나타나 행인들을 괴롭히고 있었다. 그 혜음령에 욕심 많은 두 도적이 있었다.

이 둘은 빼앗은 장물들이 감당할 수 없을 정도로 많아지자 기분좋게 술을 한잔 마신 후 서로 나누어 가지기로 합의를 했다. 그러나 욕심이 많았던 두 도적들은 각자 마음 속으로는 모두 장물을 독차지하고자 흉계를 꾸몄다. 술을 받으러 간 도둑은 술에 독약을 탔고, 산에 남아 있던 도둑은 칼을 준비해서 술을 가지고 오는 도둑을 죽일 결심을 했다. 결국 독이 든 술을 갖고 오던 도적은 칼을 맞아 죽고, 칼을 쓴 도적은 장물을 독차지 하게 되자 흥에 겨워 독이 든 술을 마시고 죽었다.

서로 상대의 몫을 인정해 주며 나누어 가졌으면 부족함 없이 잘 살았을 터인데 욕심을 내다가 둘 다 죽게 된 것이다. 과유불급(過猶不及), 지나침은 오히려 화가 되는 법이다.

요즈음 모두 자기만이 옳고 또 잘났고 풍족해도 나누기 보다는 부스러기까지 싹쓸이 하려 욕심들만 부리기에 늘 부족하고 불행함을 느끼는 듯 하다.

절반은 상대의 견해가 옳을 수 있다는 자세, 절반은 상대의 몫으로 남겨 두려는 배려가 있어야 할 것이다. 서로 나누며 넉넉한 마음으로 공존의 아름다움을 깨우쳐 갔으면 한다.

출구없는 미로없고, 해법없는 시련없다

　소리장도(笑裏藏刀)란 말이 있다. '웃음 속에 칼을 감추고 있다'는 뜻으로, 겉으로는 웃는 낯으로 상냥하게 대하지만 마음속으로는 상대방을 해칠 뜻을 품고 있음을 비유하는 고사성어이다.
　어려운 상황에서 송나라 장군 조위(曹瑋)가 소리장도의 침착함으로 위기를 넘긴 이야기는 유명하다. 조 장군은 위주지역의 총 사령관으로 부임하면서 군기를 바로 세우고 부대를 쇄신하였다. 갑자기 규율이 엄격해지자 적응하지 못한 병사들은 불만이 쌓였고, 도망갈 궁리를 하고 있었다.
　어느 날 조 장군이 바둑을 두고 있는데 급보가 날라 들었다. 군내에 수천 명의 병사들이 국경을 넘어 서하(西夏)지역으로 투항하려 한다는 소식이었다.

　어떻게 할 것인가?

　추격해서 싸우자면 아군의 피해도 크겠지만 그것보다는 동료를 살해해야 하는 병사들의 사기도 큰 문제가 아닐 수 없었다. 그렇다고 그대로 두자니 이탈자가 속출 할 수도 있어 참 곤란하고 어려운 상태였다. 참모회의를 하여도 의견이 나뉘어져 불필요한 내분과 혼란만 가중될 것이 뻔했다. 더구나 평시도 아닌 전쟁터 아닌가?

모든 장군들이 놀라서 허둥거릴 때 조위는 담담하게 웃으며 말했다.
"내가 명령하여 그들이 국경을 넘어 거짓으로 투항하려 하는 것이니 놀라지 마시오. 그리고 절대로 이 사실이 새어 나가지 않게 하시오."라고 말하며 계속해서 바둑을 두었다.

본래 비밀이 더 잘 새어져 나가는 법, 정보원을 통해 이 말을 전해들은 서하 사람들은 국경을 넘어 투항하려 했던 병사들이 위장귀순이라 생각하고 모두 죽여 버렸다. 조 장군은 아주 급박하고 어려운 상황에서 이성을 잃지 않고 웃음 속에 칼을 숨겨 어려운 위기를 넘겼던 것이다.

어떤 혹한의 겨울대지도 새 생명을 간직한 땅 속 봄의 숨결을 완전히 죽일 수는 없다. 미래산업 정문술사장은 20여년전 당시로는 큰 돈이었던 18억원의 빚을 지고 가족동반자살을 결심했고 부인도 이에 동의했다. 약병을 들고 청계산에 죽으러 올라가 실컷 울다가 문득 그때까지 축척된 기술로 좀 더 아랫단계 장비를 만들어 보기로 발상의 전환하게 되었고 마침내 한국의 반도체 기술을 세계 최고의 수준으로 끌어 올렸다.

출구없는 미로없고, 해법없는 시련없다. 미래는 돈으로 사는 것이 아니라 희망으로 사는 것이다. 어렵고 힘들수록 현실에 매몰되기 보다는 창조적 사고와 관조할 수 있는 여유를 가져야 할 것이다.

불타야 할 순간에 뜨겁게 불타자

불타는 단풍을 보면 안도현시인의 '너에게 묻는다'라는 시가 생각난다.

"연탄재 함부로 발로 차지 마라.
너는 누구에게 한 번이라도 뜨거운 사람이었느냐."

이 시는 두가지 의미를 내포하고 있다.

하나는 인생에서 무엇에건 뜨겁게 몰입되어 본 적이 있느냐, 그런 열정적 삶을 한 순간이나마 살아 본 적이 있느냐고 현대인의 나태함을 꾸짖고 있다.

또 하나는 지금은 비록 버려진 존재지만 한때는 자신을 태우고 희생하며 이웃에 따스한 온기를 전해주던 소중한 존재, 다른 사람을 위해 자신의 한 몸을 불사른 헌신적인 존재였기에 한번도 타인을 위해 뜨겁게 희생해 본 적이 없는 이기적인 너가 연탄재를 함부로 대해선 안된다는 것이다. 이타심(利他心)이 무엇인지 다시금 깨닫고 삶을 되돌아 보게 만든다.

잘났건 못났건 우리는 모두 연탄재로 돌아가게 되어 있다. 결론은 동일하지만 차이점이 있다면 불타야 할 순간에 얼마나 뜨겁게 나를 불태웠느냐이다.

비록 언젠가 발에 차이는 연탄재가 되어도 좋다. 힘들다고 좌절말고 성공했다고 자만말고 필 수 있을 적에 가장 아름답게 피어나야 할 것이다. 매 순간을 뜨겁게 살아야 할 것이다. 온기를 주며 더불어 살아야 할 것이다. 그것으로 족한 것 아닌가?

나무는 봄의 푸르름을, 여름의 시원함을, 가을의 결실을 또 맑은 공기와 동심의 희망을 준다. 그리고 마침내 이별을 고해야 할 순간이 오면 마지막으로 자신을 불태워 찬연한 아름다움을 선물해 준다.

단 한번도 불평하지 않고, 단 한번도 공치사하지 않고, 다른 사람을 위해 자신의 한 몸을 불사르는 헌신적인 존재.

마지막 순간까지 다른 사람을 위해 자신의 모든 것을 바치는 나뭇잎.

덜 연소된 천덕꾸러기 연탄재가 되지 말고 완전히 불타 올라 미련을 남기지 말아야 겠다. 낙엽으로 소리없이 지더라도 줄 수 있는 마지막 아름다움은 아낌없이 주어야 겠다.

연탄재를 보며 낙엽을 보며 삶의 지혜를 깨우쳐 갔으면 한다.

믿음은 약속의 실천에서 시작된다

　무신불립(無信不立)이란 말이 있다. '믿음이 없으면 살아갈 수 없다'는 뜻으로 논어의 '안연편'에 나오는 말이다.
　자공이 정치의 요체가 무엇이냐고 묻자 공자는 "정치란 식량(足食), 군대(足兵), 그리고 백성들의 신뢰(民信之)"라고 답했다.
　자공이 만약 이 세가지 중에 어쩔 수 없이 하나를 버려야 한다면 무엇을 먼저 버려야 하냐고 묻자 공자는 '군대를 버리라(去兵)'고 했다. 나라의 근간이 군대이고 군대가 없으면 나라가 곧 망할 듯 하지만 군대가 없어도 백성들이 신뢰로 뭉치고 물질적으로 풍족하기만 하다면 나라는 어떻게든 꾸려나갈 수 있다는 뜻이다.
　만약 나머지 두가지 중에서 또 하나를 버려야만 한다면 이번에는 무엇을 버려야 하냐고 다시금 묻자 공자는 '식량을 버리라(去食)'고 했다. '식량이 없으면 백성들이 다 굶어 죽을 터인데 어찌 나라가 유지될 수 있느냐'고 반문하자 '예부터 굶어죽는 일을 겪은 나라가 많았지만 백성들이 굳은 믿음으로 뭉쳤을 때는 그 어려움을 지혜롭게 극복하였다. 그러나 풍요로 울 적에도 서로 헐뜯고 백성들이 신뢰하지 않은 경우는 나라가 바로 설 수 없었다(無信不立)'고 했다.

식량(食). 군대(兵). 백성의 신뢰(民信之)는 국가의 기본조건이다. 그러나 이 세가지 정책 가운데서도 가장 기본이 되는 것은 온 백성을 믿고 따르게 하는 일이다.

불신과 이간질만 난무한다면 아무리 강한 군대도 금새 무너지게 되고 경제도 결국은 파탄나게끔 되어 있다. 백성이 믿고 따라 강고히 단결만 해 준다면 먹고 사는 문제도 강력한 국방도 모두 스스로 해결해 나갈 수 있다는 뜻이기도 하다.

약간 과장된 듯도 하지만 숙고해 보면 옳은 말이고 신뢰란 그만큼 중요하다. 신뢰의 기본은 약속의 실천이다.

석존은 재가신도에게서 초대를 받았을 때 사정이 허락질 않아 초대에 응할 수 없으면 분명하게 거절하였다. 그러나 반대로 승낙할 경우에는 아무 말 없이 침묵하였다. 즉, 침묵으로 승낙 의사를 표현한 것이다.

왜 석존은 분명하게 승낙의 말을 하지 않았을까?

그것은 병이나 사고, 혹은 어쩔 수 없는 용건이 생겨 그 약속을 깨뜨리지 않으면 안 되는 사태가 생길 것을 우려했기 때문이다.

약속을 지키지 못하는 사람을 신뢰할 수는 없다. 약속을 지키지 못하는 것은 다른 사람의 시간과 희망을 갉아 먹는 것이다. 약속을 할 때는 그만큼 신중하게 해야 하고 이미 한 약속은 철저히 지켜야만 한다. 부득이 지킬 수 없을 경우는 최대한 빨리 그 사유를 말해줘서 다른 방책을 세우게끔 해 주어야 한다.

무신불립(無信不立), 믿음이 없다면 나라도 모임도 지속될 수 없다. 모든 만남이 믿음에 기초한 의로운 만남이 되도록 노력해야 할 것이다.

불필요한 것을 버리는 연습이 필요하다

행복이란 필요한 것을 찾는게 아니라 불필요한 것을 버리는 것이다.

나무가 정성들여 피운 꽃을 버려야 열매를 맺듯 마음도 탐심을 버려야 행복의 열매를 맺을 수 있다.

버리고 가야 할 것들을 지고 가기에 삶이 힘겨워 진다. 버리면 가볍다. 집착도 탐심도 모두 버리고 나면 마음이 가벼워 진다.

어떤 사람이 '다비드' 상을 보며 미켈란젤로에게 물었다.

"보잘 것 없는 돌로 어떻게 이런 훌륭한 작품을 만들어 낼 수 있었습니까?"

미켈란젤로는 말했다.

"그 형상은 처음부터 화강암 속에 있었지요. 나는 단지 화강암의 불필요한 부분들을 깎아내 주었을 뿐입니다."

사람들은 모두 다비드상처럼 훌륭한 예술품이 될 수 있다.

화강암의 불필요한 부분을 깎아내듯 자신의 결점을 깎아내고 장점이 잘 드러나게끔 다듬어 가면 아름다운 모습으로 거듭날 수 있다. 나무는 사치스런 잎들을 버려도 결코 얼어죽지 않는다. 잘 해결되지 않으면 죽을 것 같았던 탐욕이나 고민들도 지나고 보면 한갓 나뭇잎에 불과했음을 깨닫게 된다.

불필요한 것을 버리는 연습을 하며 마음의 평화와 참 행복을 깨우쳐 가야 할 것이다.

연꽃을 보며 삶의 지혜를 깨우친다

"진흙에서 나오되 얼룩지지 않고, 맑은 물결에 씻기되 요염하지 않고, 속은 비고 겉은 곧으며, 가지도 치지 않고 덩굴도 뻗지 않고, 향기는 멀수록 더욱 맑고, 꼿꼿하게 고요히 서 있어 멀리 바라볼 수는 있으나 가까이 희롱할 수 없음을 사랑한다."

연꽃을 보면 몇가지 삶의 지혜를 깨우치게 된다.

첫째, 처염상정(處染常淨)이다.

연꽃은 더럽고 추하게 보이는 흙탕물에 피지만 조금도 그 더러움에 물들지 않고 자신의 아름다운 자태를 잃지 않는다. 물고기는 더럽고 추한 물에 들어가면 죽거나 기형이 되지만 연꽃은 오히려 물의 오염물질을 흡수하여 양분으로 삼고 산소를 내뿜어 물을 정화하여 그 속의 생물들이 잘 살아갈 수 있게끔 도움을 준다. 오염된 세상을 맑게 하고 세상의 때를 정화해 주는 말없는 희생을 깨우치게 한다.

둘째, 화과동시(花果同時)이다.

꽃이 지고 열매가 맺히는 보통 꽃과는 달리 연꽃은 꽃이 피는 동시에 열매가 그 속에 자리 잡는다. 그것은 깨달음을 얻고 나서 이웃들을 구제하는 것이 아니라 이기심을 없애고 자비심을 키워서 모든 이웃을 위해 사는 일이 동시에 깨달음의 삶이라는 것을 말하고 있다. 핑계대며 미루지 말고 즉시 실천하는 삶을 살아야 할 것이다.

셋째, 종자불실(種子不失)이다.
연꽃의 씨앗은 결코 사라지지 않는다는 뜻이다. 연꽃의 씨앗은 500년, 1000년, 3000년이 지나도 썩지않고 보존되다가 조건만 맞으면 다시 싹튼다고 한다. 과거, 현재, 미래의 삼세를 통해 맺어지는 인과관계를 생각나게 한다. 모든 만남, 모든 인연을 소중하게 간직해야 할 것이다.

넷째, 진공묘유(眞空妙有)다.
연꽃은 뿌리부터 줄기까지 텅 비어 있다. 참으로 빈 곳에 진리가 있다는 뜻인 듯 하다. 비울수록 그득해지는 우물이나 비워야만 더 많은 것을 담아낼수 있는 그릇의 지혜를 배우라는 뜻인 듯도 하다. 가득참은 구속이다. 채워진 것을 지켜가기 위한 근심과 구속이 있다. 버림은 자유이다. 욕심과 집착을 버리면 바람처럼 자유롭고 물처럼 평화롭다. 필요한 것을 얼마나 갖고 있는가가 아니라 불필요한 것에서 얼마나 자유로워져 있는가가 행복의 비결이라는 말도 있다. 비우고 나누는 지혜를 배워가야 할 것이다.
연꽃을 꺾으려 하면 흙탕물에 빠져야 하기에 연꽃은 바라보기만 할 뿐 꺾을 수는 없는 꽃이다. 연꽃의 꺾이지 않는 꼿꼿함은 군자의 기상을 느끼게 한다. 연꽃이 주는 지혜들을 곱씹어 보며 마음을 맑게 가다듬어 보았으면 한다.

연리지(連理枝)

 가까이 자라는 두 나무가 맞닿은 채로 오랜 세월이 지나 서로 합쳐져 한 나무가 되는 현상을 연리(連理)라고 한다. 두 몸이 한 몸이 된다하여 남녀간의 애틋한 사랑과 흔히 비유하였고 알기 쉽게 '사랑나무'라고도 부른다.
 나뭇가지가 서로 이어진 것을 연리지(連理枝), 줄기가 이어진 것을 연리목(連理木)이라 하는데 가지는 다른 나무와 맞닿을 기회가 적을 뿐만 아니라 맞닿더라도 바람에 흔들려 좀처럼 붙기 어렵기 때문에 연리지는 만나기 어렵다.
 중국의 전설에 의하면 동쪽의 바다에 비목어(比目漁)가 살고 남쪽의 땅에 비익조(比翼鳥)가 산다고 한다.
 비목어는 눈이 한쪽에 하나밖에 없기 때문에 두 마리가 좌우로 달라붙어야 비로소 헤엄을 칠 수가 있고, 비익조는 눈도 날개도 한쪽에만 있어 암수가 좌우로 일체가 되어야 비로소 날 수 있다고 한다.
 '연리(連理)'나 '비목(比目)', '비익(比翼)'은 모두 남녀간의 애절한 사랑, 떨어지기 힘든 결합을 뜻한다.

본디 연리지의 고사는 후한말의 대학자 채옹에서 유래했다고 한다.

워낙 효심이 극진해 어머니가 죽고 뜰에 나무가 자랐는데 연리지가 되었다고 한다 그래서 본디는 '효심(孝心)'의 상징으로 사용되었는데, 그것이 다정한 연인의 상징으로 사용되게 된 것은 당대의 시인 백락천에 의해서이다.

그가 태어났을 때는 대당제국의 영화가 차츰 기울기 시작했을 때였는데, 양귀비에 빠진 현종이 정치에 뜻을 잃었기 때문이었다. 둘의 사랑이 워낙 유명했으므로 그는 시를 지어 노래했는데 그것이 유명한 '장한가(長恨歌)'이다.

七月七日長生殿(칠월칠일장생전), 7월 7일 장생전에서
夜半無人和語時(야반무인화어시), 깊은 밤 사람들 모르게 한 맹세
在天願作比翼鳥(재천원작비익조), 하늘에서는 비익조가 되고
在地願爲連理枝(재지원위연리지), 땅에서는 연리지가 되기를 원하네.
天長地久有時盡(천장지구유시진), 높은 하늘 넓은 땅도 다할 때가 있는데
此恨綿綿無絶期(차한면면무절기), 이 슬픈 사랑의 한은 끝없이 계속되네.

연리지(連理枝) - 황봉학 -

손 한번 맞닿은 죄로 당신을 사랑하기 시작하여
송두리째 나의 전부를 당신에게 걸었습니다
이제 떼어놓으려 해도 떼어놓을 수 없는 당신과 나는
한 뿌리 한 줄기 한 잎사귀로 숨을 쉬는
연리지(連理枝)입니다.

입술 한번 맞닿은 죄로
나의 가슴 전부를 당신으로 채워버려
당신 아닌 그 무엇도 받아들이지 못하는 나는
몸도 마음도 당신과 하나가 되어버려
당신에게만 나의 마음을 주는
연리지(連理枝)입니다.

이 몸 당신에게 주어버린 죄로
이제 한 몸뚱어리가 되어 당신에게서 피를 받고

나 또한 당신에게 피를 나누어주는
어느 한 몸 죽더라도 그 고통 함께 느끼는
연리지(連理枝)입니다.

이 세상 따로 태어나
그 인연 어디에서 왔기에
두 몸이 함께 만나 한 몸이 되었을까요
이 몸 살아가는 이유가 당신이라 하렵니다
당신의 체온으로 이 몸 살아간다 하렵니다
당신과 한 몸으로 살아가는 이 행복
진정 아름답다 하렵니다.

두 그루의 나무가 너무 가까이 붙어 있으면 보통 죽는다고 생각하는데 연리지는 그렇지 않다. 처음에는 살갗이 벗겨지는 아픔을 겪으며 가지 하나씩이 붙고, 그래서 두가지가 하나되고, 그리고는 또 뿌리가 붙어서 하나가 되고, 마침내 두 나무는 한 나무가 된다고 한다.

참으로 신기한 것은 두나무가 붙어서 하나가 되지만
각각 가지고 있던 본래의 개성은 그대로 유지된다고 한다.

흰꽃을 피웠던 나무는 여전히 흰꽃을 피우고
노란꽃을 피웠던 나무는 그대로 노오란꽃을 피운다.

하나 이면서 둘이고, 둘이면서 하나인,
묘한 삶을 살아 가는 연리지.

더불어 살면서도 각자가 자기답게 살아간다는 것.
서로가 서로를 받쳐주고, 살려주고, 또 자양분을 주고 받으며,
서로가 서로의 푸르른 하늘이 되는

연리지처럼, 비익조처럼
따뜻한 세상이었으면 좋겠다.

꿈은 이루어 진다

그리스 신화에 보면 키프로스의 조각가 피그말리온에게는 여성 기피증이 있었다. 외모에 자신이 없었고, 여성에겐 결점이 많다는 선입관이 있었기 때문이다. 그는 속세의 여성과는 사랑을 할 수 없다고 생각했다. 그래서 상아로 이상형을 조각하는 일에 몰두했다. 사랑을 단념하는 대신 대리만족을 추구 한 것이다.

탁월한 조각가였던 그가 창조한 여인상은 아름다웠다. 그걸 그는 끔찍이 아꼈다. 날마다 꽃을 바쳤고, 보듬고 어루만졌다. 그 조각을 너무나 사랑한 그는 조각이 사람이었으면 하는 꿈을 꾸게 되었다.

마침내 그는 아프로디테 여신의 신전(神殿)을 찾아가 자신의 사랑을 이루게 해 달라고 부탁했다. 정말 터무니없는 소원이었다. 그렇게 공허한 소원을 빌고 집으로 돌아온 피그말리온은 슬픔에 젖어서 자신이 만든 조각을 꼭 끌어안았다.

이룰 수 없는 사랑을 안타까워하며, 그런데 이상한 일이 일어났다. 항상 차디차기만 했던 조각이 그날따라 왠지 따뜻하게 느껴졌다. 그는 너무 놀라 한걸음 뒤로 물러섰고, 잠시 후 그녀의 입술에 키스를 했다.

그러자 한 가닥 따스한 기운이 그 조각의 입술을 통해 온 몸으로 스며들더니 체온이 느껴지는 것이었다. 피그말리온은 기쁨에 넘쳐 여인상을 꼭 끌어안았고, 잠시 후에는 심장의 고동소리가 그의 가슴에도 느껴졌다.

피그말리온은 조각이었던 그 여인(갈라테이아)과 결혼했고, 딸 파포스를 낳아 행복하게 잘 살았다고 한다.

19세기 영국 화가 에드워드 번 존스는 이 신화를 그림으로 그렸다. 영국 버밍엄 미술관엔 그의 '피그말리온 조상' 4부작이 걸려 있다. 그는 그림을 그리기 전 "사람들이 '와!'하고 감탄하는, 그저 그 말밖에 할 수 없는, 그런 대작을 남기고 싶다"고 했다 한다.

많은 이들이 그의 작품을 경탄의 눈으로 감상하는 걸 보면 그의 소망도 피그말리온처럼 성취된 셈이다. 미국에서 사형수들을 대상으로 피그말리온 효과를 실험한 적이 있었다.

사형수들에게 미리 당신은 특별히 교수형대신 피를 빼 죽게 하겠다고 알려준다. 그런 다음 죄수를 침대에 눕히고 주사바늘을 꽂는다. 죄수의 귀에는 핏방울 떨어지는 소리가 들린다.

그러나 실제로는 피가 떨어지는 것이 아니라 미리 장치해 둔 물방울이 떨어지고 있을 뿐이다.

그러나 죄수는 그것이 자기의 피가 빠져나가는 소리라고 생각하여 결국은 죽고 말았다는 것이다.

미국의 로젠탈(R.Rosenthal)과 제이콥슨(L.F.Jacobson) 두 사람이 학생들을 대상으로 한 가지 실험을 하였다.

샌프란시스코의 어느 학교에서 아무 학생이나 막 뽑아서 학생들 지능검사를 실시하였다. 실제로는 점수가 그냥 그럭저럭 나왔지만,

지능 지수 점수가 대단히 높게 나왔다고 일부러 거짓말을 했다.

물론 담임 선생님은 이 두 학자의 얘기를 듣고, 우리 반애들이 참 대단한 애들이구나라는 생각을 가지고 아이들을 가르쳤다.

몇 개월 후, 이 두 학자는 다시 아이들의 지능검사를 다시 해 보았다. 그런데 처음에 지능지수가 평범한 애들인데도 불구하고, 높다고 담임선생님께 얘기하고 나니까 몇달 뒤에 지능지수가 실제로 높게 나왔던 것이다.

그것은 명단을 받아 든 교사들이 이 아이들이 지적 발달과 학업성적이 향상되리라는 기대를 가지고 정성껏 돌보고 칭찬한 결과 나타난 것이다. 그러한 사랑을 받은 아이들은 선생님이 자신에게 관심을 보여주니까 공부하는 태도도 변하고 공부에 대한 관심도 높아져, 결국 능력까지 변하게 된 것이다.

로젠탈과 제이콥슨은 누군가에 대한 사람들의 믿음, 기대, 예측이 대상에게 그대로 실현되는 경향을 피그말리온 효과(Pygmalion effect)라고 불렀다. 즉 자기충족적 예언, 어떻게 행동하리라는 주위의 예언이나 기대가 행위자에게 어떤 영향을 주어 결국 그렇게 행동하도록 만든다는 이론이다.

무언가를 간절히 바라면 결국 그 소망은 이루어 진다.

꿈과 소망을 가지고 현실을 바꾸어 갔으면 한다.

긍정적 사고는 축복이다

　플라시보 효과(placebo effect)란 약효가 전혀 없는 거짓약을 진짜 약으로 가장, 환자에게 복용토록 했을 때 환자의 병세가 호전되는 효과를 말하는데 위약효과라고도 한다.
　흔한 일이지만 사람들은 스트레스로 인해 소화불량에 걸리는 경우를 자주 보게 된다. 당연히 병원이나 약국을 찾아 도움을 요청할 것이다.
　이때 치료 목적상 소화제 대신 밀가루나 설탕 등을 넣어 만든 '가짜 약(위약)'을 조제해 줘도 그것을 먹고 소화불량이 해소된다. 이것은 환자는 약이 아닌 믿음을 먹고 병을 치료한 것이다. 이를 '플라시보 효과'라 한다.
　'플라시보'란 말은 '마음에 들도록 한다'는 뜻의 라틴어로, 가짜약을 의미한다.
　미시건대학연구팀은 통증을 느끼는 건강한 젊은 남성에게 식염수를 주사한 후, 가짜 약이 어떻게 두뇌에 영향을 미치는지 뇌스캔을 통해 관찰했다. 그 결과 뇌에서 분비되는 모르핀과 같은 진통효과를 갖는 엔돌핀이 증가하는 것으로 나타났다. 엔돌핀이 증가함과 동시에 환자들은 통증을 훨씬 덜 느꼈다고 설명했다.

플라시보와 반대되는 노시보 효과(nocebo effect)도 있다. 적절한 처방을 해도 환자 본인이 믿지 않고 의구심을 가지면 좋은 약을 먹는다해도 잘 낫지 않는다는 것이다.

우리 몸에 나타나는 반응은 마음에 작용하는 암시에 의해서 많은 영향을 받고 있다. 무엇을 하든지 즐겁고 상쾌한 마음으로 일을 하면 잘 될 수 있다.

반대로 아무리 좋은 것이라도 강요에 의해서 억지로 하게 되면 오히려 스트레스가 되어 몸에도 해롭고 일도 잘 안 풀린다.

스스로 하고자 하는 자발적인 마음이 중요하며 힘들고 어려운 일에 직면하게 될 때 이왕 하는 일 즐겁고 기쁘게 긍정적으로 임하는 자세가 중요하다. 모든 것을 긍정적으로 생각하는 사람은 축복받은 사람이다.

잘 될 거야 하면서 즐겁고 긍정적인 사고로 사는 사람은 '플라시보 효과'로 일이 잘 풀리고 반대로 매사를 부정적으로 보고, 싫은 일을 억지로 하게 되면 실제로 일이 잘 안된다.

긍정적으로 희망을 가지고 살아갔으면 한다.

잊혀졌던 씨앗도 결실의 기쁨을 준다

 나를 통해 알게 된 아마추어 두 분이 아트홀에서 음악무대를 갖는다고 연락이 왔다. 그동안 바빠서 잊고 지냈었는데 두 분은 교류가 계속 있었던 모양이다.
 나를 빼고 둘이 만나온데 대해 서운한 마음이 들기보다는 멋진 인연을 만들어 준 것에 대한 반가움이 앞선다.
 나는 사람을 소개시켜 주고 나면 그저 좋은 인연이 되기를 바랄 뿐 그 뒤는 잘 관여하지 않는다. 소개시켜 줬다고 사사건건 관여하는 것이 성격에도 맞지 않고 그런 것들에 너무 집착하다 보면 더 새롭고 폭넓은 교류의 기회를 잃어 버리기 때문이다.
 내 것이라고 아파트에서만 갇혀 지내기 보다는 아파트 따위는 잊고 산의 절경이나 바다의 푸르름에 빠져 들고 싶다. 담장을 두르고 마음의 벽을 쌓으면 작은 세상에서만 살게 되지만 담장을 허물고 벽을 부수면 크고 넓은 세상이 모두 다 내 것이 된다.
 널뛰기를 할 때 내가 높이 올라 가려면 상대를 더 높이 올려주어야 한다. 만남도 마찬가지다. 상대를 배려하고 상대의 격을 더 올려주기만 하면 나의 격도 덩달아 올라가게 된다.

줄다리기의 원리도 비슷하다. 힘껏 잡아 당겨 강한 사람이 승리한 듯 하지만 실제로는 자신의 땅을 상대편에게 내어 주고 만다. 게임에 진 사람이 더 많은 땅을 갖게 되는 것이다. 단단한 강철을 녹슬게 하는 것은 유연한 물이다. 부드러움이 강함을 이기고 지는 것이 이기는 것이다.

압도적지지로 당선된 지도자도 독선과 오만에 빠지면 순식간에 탄핵의 위기에 직면하게 된다.

강하고 폭언을 일삼는 사람보다 얘기를 잘 들어 주고 부드럽고 온화한 사람에게 좋은 사람들이 더 많이 모이게 된다. 손바닥을 펴면 모래가 모이나 꽉 움켜 쥐려고 하면 모래는 다 흩어져 버리는 것과 같은 이치다.

나와 같게끔 흡수, 지배하려 하기 보다는 각자의 개성과 주장을 존중하며 조화롭게 살아가야 할 것이다.

댓가를 바라지 않고 좋은 인연들을 만들어 준다는 것은 그 자체가 축복이다. 남에게 무엇을 받기보다 무엇인가를 줄 수 있다는 것 자체가 복된 일 아닌가?

적이건 아군이건 내 주위 사람들이 모두 부자가 되면 밥값이 절약되고 절약될 것이고 어쨌건 내 생활도 나아질 수 밖에 없게끔 되어있다. 농부가 씨앗을 뿌리듯 하나의 씨앗에 집착하는 것이 아니라 힘닿는 대로 많은 씨앗을 뿌렸으면 한다.

기쁠 때도 서운 할 때도 있겠지만 언젠가는 그 씨앗들이 훌륭히 자라나 반가운 초대를 하게 될 것이다.

서운했고 잊혀졌던 씨앗들도 언젠가는 결실의 기쁨을 주게 된다. 널뛰기와 줄다리기의 지혜를 되새기며 좋은 만남을 많이 만들어 갔으면 한다.

텅 빈 방에 햇빛 밝게 비친다

 허실생백(虛室生白)이란 말이 있다. 마음을 비우면 밝음이 그 빈 자리를 채운다는 뜻이다. "저 텅빈 것을 잘 보라. 텅 빈방에 햇빛이 밝게 비치지 않는가. 행복은 텅빈 곳에 머문다.[瞻彼闋者虛室生白吉祥止止(첨피궐자 허실생백 길상지지)]"(장자)
 선물을 들고 온 수자를 보고 도둑놈이라고 일갈한 스님이 있었다. 선물을 보관하고 또 잃어버리거나 흠집나지 않을까 전전긍긍하는 것 자체가 선물에 마음을 도둑맞은 것이다. 스님은 그렇듯 선물이 자신의 마음을 훔쳐갈 수 있으므로 그것을 들고 온 사람을 도둑놈이라고 한 것이다.
 예전에 같이 일하던 젊은 친구가 나에게 남의 이목도 있는데 차를 바꾸는게 어떠냐고 말한 적이 있었다. 남에게 으스대는게 행복일까? 좋은 차를 가지고 어디 긁힐까, 누가 와서 박을까, 주차해 둔 사이 누가 흠집을 내지나 않을까 전전긍긍하며 사는 것과 좀 낡은 차를 가지고 차에 마음 빼앗길 시간에 책도 보고 친구도 만나고 여행도 다니며 자유롭고 편하게 사는 것, 과연 어느 것이 더 행복하겠는가? 좋은 차도 알고보면 도둑인 것이다.

모두가 방 속에다 이것저것을 그득하게 쌓아 두려고 한다. 도둑놈을 부르고 있는 것이다. 방이 가득차면 근심도 가득차게 된다. 방이 비어 있으면 누구나 편안하다. 편안한 마음이 곧 행복이다. 편안한 마음은 텅 빈 방에 햇빛이 가득한 모습과 같다.

행복은 따뜻하고 안온하며 언제나 밝다. 자물쇠를 걸어 둔 방은 싸늘하고 흉흉하고 침침하다. 항상 열어 놓고 있는 방처럼 행복한 마음은 무엇이건 다 들어와 노닐게 한다.

재물을 탐하면 도둑을 피해 숨어야 하듯, 욕심을 탐하면 컴컴한 방 안에 숨어 있어야 한다.

황금은 썩은 지렁이의 몸집과 같다. 지렁이의 시체에는 개미떼가 모이고 황금의 덩어리에는 도둑떼가 모인다. 황금이 많을수록 마음은 근심, 걱정으로 휘어지게 된다.

마음이 무거워지니 휘어지는 것이다. 그러나 비어있다면 문을 잠글 필요도 개를 키울 필요도 없으며 홀가분한 마음으로 단잠을 자게 된다. 단잠을 자는 마음이란 언제나 가볍다.

기허즉수물(器虛則受物)이요, 심허즉수도(心虛則受道)다. 그릇을 비우면 물건을 담을 수 있고, 마음을 비우면 도를 담을 수 있다. 행복하게 사는 것은 마음을 가볍게 하는 것이고 불행하게 사는 것은 마음을 무겁게 하는 것이다.

텅빈 방에 햇빛이 노닐 듯 가벼운 마음속에 행복이 노닐게 해야 할 것이다.

걸어다니는 것이 수레를 타고 다니는 것보다 편하다

안보당거[安步當車]란 '걸어다니는 것이 수레를 타고 다니는 것보다 편하다'라는 뜻으로, 벼슬자리를 부러워하지 않는 청렴한 생활을 비유하는 고사성어이다. 중국 전국시대 제(齊)나라의 은사(隱士)인 안촉의 고사(故事)에서 유래되었다.

제나라의 선왕(宣王)은 안촉의 명성을 듣고 대궐로 불러들였다. 안촉은 대궐의 계단 앞에 이르러 선왕이 기다리는 것을 보고는 걸음을 멈췄다. 제선왕은 매우 거만한 태도로 가까이 오라고 불렀다. 안촉은 한 걸음도 움직이지 않고 오히려 "왕께서 이리 오시지요"라고 하였다.

이 말에 선왕도 기분이 나빠졌고, 대신들도 안촉을 꾸짖었다. "왕은 우리들의 군주(君主)이시고 그대는 신하인데 이 무슨 무엄한 태도인가?"

그러나 뜻밖에도 안촉은 매우 태연하게 대꾸하였다. "제가 왕의 앞으로 나아간다면 권세에 굽히는 일이 되고, 왕께서 제게로 오신다면 예로써 선비를 대하는 일이 됩니다. 저로 하여금 왕의 권세에 굽히도록 하는 것보다는 왕께서 예로써 선비를 대하는 것이 낫지 않겠습니까"

이 말에 제선왕은 대로하여 물었다. "도대체 군왕이 존귀하냐, 선비가 존귀하냐" 안촉은 웃으면서 "당연히 선비가 군왕보다 존귀합니다"라고 대답하였다. 제선왕은 안촉을 노려보며 말했다. "좋다. 구체적인 예를 들어 설명을 해 보아라."

안촉은 침착하게 말했다. "옛날에 진(秦)나라가 제나라를 공격할 때, 진나라 왕은 덕망 높았던 선비 유하혜(柳下惠)의 묘를 보호하기 위하여 그의 묘에서 50보 이내에 있는 초목 하나라도 훼손하는 자가 있으면 누구든지 사형에 처하겠노라고 공표하였습니다.

진나라 왕은 또 제나라 왕의 머리를 베어 오는 자에게는 만호후(萬戶侯)라는 벼슬을 내리겠노라고 공표하였습니다.

이로 보아 살아 있는 군왕의 머리가 죽은 선비의 묘만 못한 것을 알 수 있습니다"

제선왕은 더 이상 할 말이 없었고, 신하들과 안촉이 공방을 벌였는데 그 이론이 정연하여 왕이 승복고 벼슬자리로 그를 유혹하였다. "나를 당신의 제자로 받아 주기를 간청하오. 안선생은 이제부터 나와 같이 행동하고 식사하며 같은 수레를 탑시다. 부인과 자녀에게도 특별히 의복과 음식을 제공해드리지요."

그러나 안촉은 제선왕의 요구를 거절하면서 말했다. "아름다운 옥도 산을 떠나면 그 원래 빛깔을 잃게 됩니다.

저는 촌에서 자랐으므로 관직에 오르게 되면 제 본모습을 유지하기 힘들게 될까 두렵습니다.

나는 집으로 돌아가서 고기 대신 소박한 음식을, 수레를 타는 대신 걷는 것을, 부귀를 누리는 대신 아무런 죄없이 사는 것을, 쾌락을 누리는 대신 청렴한 생활을 하고 싶습니다(晚食以當肉, 安步以當車, 無罪以當貴, 淸靜貞正以自虞). 이제 저를 고향으로 돌아가도록 허락해 주십시오."

입신양명이나 부귀영화보다는 청렴한 생활을 귀감으로 삼아야 할 것이다. 탁류에 휩쓸려 무의미하게 살기보다는 맑게 관조하는 여유를 가져야 할 것이다. 아무리 세상이 변하더라도 올곧은 마음만은 변하지 말았으면 한다.

모든 만남은 상생의 인연이 되어야 한다

예전에 회사 동료였던 분께서 제 대학동창과 식사를 함께하자고 해 깜짝 놀란 적이 있었다. 어떻게 아느냐고 물으니 비즈니스로 서로 협조할 일이 있어 자주 만나다 우연히 내 얘기를 하게 되었다는 것이었다. 역시 세상은 좁고 죄 짓고는 못 살겠다 싶었다.

모든 만남이 좋은 인연이 되는 것은 아니다. 프랑스 혁명의 기수로 루이 16세를 단두대의 이슬로 사라지게 했던 로베스피에르는 1774년 루이 16세의 대관식에서 17세의 소년으로 축시를 낭송했다. 링컨대통령의 맏아들이 교통사고로 죽을 뻔 했을 때 그를 살려 준 연극배우 에드윈 부스의 동생 존 부스는 나중에 링컨대통령을 암살했다.

영국의 국왕이었던 헨리 8세는 여섯 명의 부인의 있었는데 첫 번째 부인인 캐서린이 메리여왕을 낳았고 둘째 부인인 앤불린이 엘리자베스여왕을 낳았다.

아들을 원하던 헨리8세는 여섯 살 연상의 형수였다가 나중에 첫

번째 부인이 된 캐서린이 아들을 못 낳자 이혼을 하고 캐서린의 시녀였던 앤 불린과 결혼을 했다.

그러자 캐서린의 딸 메리는 졸지에 신분이 뒤바뀌어 공주에서 자신의 시녀였던 앤볼린의 시녀가 되어 그 딸인 엘리자베스의 허드렛일과 잔심부름을 하며 혹독하게 구박을 받았다.

영국 최고의 세도가문으로 떵떵거리던 앤 불린도 아들을 못 낳자 간통죄로 사형당하고 또 그녀의 시녀였던 제인 시모어가 세 번째 왕비가 된다.

왕비와 시녀 또 메리와 엘리자베스의 반복되는 악연은 참으로 가혹했다는 생각이 든다. 메리는 이복동생이었던 엘리자베스의 하녀로 있다가 나중에 여왕이 된 후 엘리자베스를 런던탑에 가두어 버린다.

이처럼 병든 삶을 만드는 상극의 만남도 있지만 건강한 삶을 만드는 상생의 만남도 있다. 처칠이 젊은 시절 한적한 시골에서 수영을 하다가 익사위기에 처했을 때 그를 구해 준 것은 가난한 시골소년 플레밍이었다.

의사가 되는 것이 꿈이지만 형편이 되지 않았던 플레밍은 처칠의 도움으로 의과대학에 진학해서 의사가 되었다. 그리고 기적의 약인 페니실린을 발견했다. 1940년 5월 처칠이 중동의 전쟁지역 순시 중 폐렴에 걸려 사경을 헤맬 때 플레밍은 자기가 발견한 페니실린으로 또 한번 처칠을 구했다.

우연한 기회로 맺은 우정이 평생동안 계속 되면서 인류 역사에 족적을 남긴 2명의 위대한 위인을 탄생하게 하였고, 우리 인류의 삶에도 빛과 생명을 던져 주었던 것이다.

가난한 촌놈이라고 플레밍을 무시했더라면 인류사에 '페니실린'도 없었을 것이고 처칠은 폐렴으로 목숨을 잃었을 것이다. 지위의 고하나 돈의 다과가 중요한 것이 아니라 곧은 마음이 의로운 정신이 중요하다.

창고가 그득하고 풍요로운 겨울을 즐기고 있다면 틀림없이 봄에 씨앗을 뿌려 두었을 것이다.

향기 가득한 만남을 즐기려 한다면 서로 배려하며 의(義)와 예(禮)를 뿌려나가야 할 것이다. 모두의 만남 귀한 인연들이 건강한 만남 상생의 인연이 되게끔 다 함께 노력해 갔으면 한다.

위대한 결과는 위대한 질문에서 시작된다

위대한 결과는 위대한 질문에서 시작된다는 말이 있다. 생각이나 질문을 바꾸면 커다란 변화가 일어난다. 유목민들은 "어떻게 하면 물 가까이에 있을 수 있는가?"를 질문하며 사냥감을 따라 떠돌이 생활을 하면서도 늘 물을 걱정했다.

그러나 누군가 "어떻게 하면 물을 나 가까이로 끌어 올 수 있을까?"를 질문하고 답을 찾기 시작하면서 역사는 달라지기 시작했다. 정착, 농경생활이 시작되어졌고 오늘날 엄청난 도시발달의 밑거름이 되었다.

'새는 난다. 그런데 왜 인간은 못나는가'란 질문이 비행기를 발명케 했다. '사람들은 왜 각기 다른 모습과 특징을 가지고 있을까'란 의문이 DNA를 발견케 했다. 그리고 '오프너없이 캔맥주를 딸 수는 없을까'란 질문이 오늘날 팝탑 캔을 만들었다. 질문의 위대함을 보여주는 실례들이다. 질문이 인생을 바꾼다.

보고서를 제출한 후, 꾸중을 들었다고 해 보자. 그럴 때 우리가 흔히 하는 생각은 "나는 왜 제대로 하는 일이 없을까? 나에게 적절한 정보도 주지 않고 제대로 하기를 기대해도 되는거야?"라고 푸념하기 쉽다. 그래서는 발전이 없다.

긍정적이고 유익한 질문으로 바꾸어야 한다. "완전한 보고서를 제출하려면 어떻게 해야 하는가? 어느 부분을 개선해야 하는가? 도움이나 지도를 받을 수 있는 사람이 있는가?"

작은 차이인 듯 하지만 푸념적 질문과 긍정적 질문의 차이가 원시사회와 고속성장한 현대사회를 갈라 놓았다.

세계적 경영학자 피터 드러커의 인생 전환점은 13세때 '죽은 다음에 어떤 사람으로 기억되고 싶은가'란 질문이었다고 한다. 좋은 질문은 인생을 바꿔놓을 만큼 큰 힘을 가지고 있다.

좋은 질문을 하려면 나 중심보다는 상대방 중심의 질문을 해야 한다. 우리나라 엄마들은 방과후 아동들에게 "학교에서 뭘 배웠니"하고 물어보는데 이스라엘 엄마들은 "선생님께 뭘 질문했니?"라고 묻는다고 한다. 집어넣는 것이 아니라 꺼낼 수 있게끔 도와주는 질문이 좋다.

또 좋은 질문을 위해서는 경청하는 자세가 필수적이다. 물음표(?)는 귀모양을 본떠서 만든 것이라 한다. 경청한 후 질문하라는 뜻이다. 오프라 윈프리같은 명토크쇼 사회자는 상대편의 대화에 충분히 공감한 후, 그 대화의 실마리를 이어 다음 질문을 한다.

또 조지 부시 대통령의 부인은 문맹퇴치에 대해서 전혀 모르고서도 훌륭하게 전문가 좌담행사를 이끌 수 있었다고 한다. 그 비결은 잘 모를 때는 입을 다물고 귀를 기울이면서 다른 사람들에게 말할 기회를 주는 것이었다.

질문은 구체적이야 한다. "오늘 저녁 무엇을 먹을까?"보다는 "오늘 저녁 식사로 닭고기 요리나 생선 요리를 준비할 수 있는데, 무엇이 더 좋을까?"라고 묻는 것이 좋다.

'i모드'라는 휴대전화 서비스를 개발한 통신사에서 고객들이 언제 i모드를 사용하는지 알기 위해 고객에게 보낸 질문은 "지금 어디에 계십니까."였다고 한다.

구체적이고 간단한 질문이라 사람들이 쉽게 응답해 주었고 응답자의 절반 이상이 직장 근무와 수업시간에 i모드를 쓰고 있다는 사실을 확인할 수 있었다고 한다. 만약 '당신은 언제 i모드를 사용하십니까'라고 물었다면 실패했을 것이다.

좋은 질문이 좋은 응답을 유도한 것이다. 처음 만나는 사람과 3분 안에 깊은 대화를 나누고 상대방으로부터 생생하고 도움이 되는 정보를 얻기 위해 '지금 어디에 계십니까' 같이 구체적이고 본질적인 질문을 던질 수 있는 능력을 키워야 한다. 위대한 결과는 위대한 질문에서 시작된다. 이제는 '해답 찾기'보다는 '질문 찾기'라는 새로운 시각을 키워갔으면 한다.

새로 머리감은이는 갓 먼지 털어서 쓴다

　대학시절부터 좋아하던 고사가 탁영탁족(濯纓濯足, 濯:씻을탁, 纓:갓끈영)이다. 갓끈과 발을 물에 담가 씻는다는 뜻으로, 세상의 부귀영화에 얽매임이 없이 자연에 순응하면서 맑고 초연하게 살아감을 비유한 말이다. 그 유래는 이렇다.
　옛날 중국 초나라에 굴원이라는 충신이 있었다. 귀족으로 태어난 데다 천부적인 문재(文才)로 나이 22세부터 회왕의 문공담당관이 되었다. 왕의 총애가 각별해 함께 국정을 논하는가 하면 때로 빈객을 접대하고 외교를 맡기도 했다.
　예나 지금이나 이렇게 잘 나가는 사람이 있으면 이를 시기하는 무리가 있게 마련이다. 굴원 역시 간신들의 참소로 일생동안 무려 세 번이나 귀양을 가면서 50여 평생을 파란만장하게 마감하고 만다. 결국 울분을 삭이지 못한 채 돌을 품고 멱라수(汨羅水)에 몸을 던지니 지금의 단오절은 죽은 그의 넋을 기리기 위해 비롯되었다고 한다. 탁영탁족(濯纓濯足)은 그가 남긴 어부사(漁父辭)에 나오는 말로

써, 모함받아 강물에 몸을 던지게 되는 굴원의 맑고 곧은 삶과 어부사의 앞부분에 나오는 중취독성(衆醉獨醒)과 탄관진의(彈冠振衣)를 연결해 보아야 한층 그 뜻이 선명해 진다. 어부사의 원문은 대략 다음과 같다.

"굴원이 죄 없이 추방을 당해
강과 못 사이를 쏘다니고
연못가 거닐며 슬픔 노래 읊조리니
얼굴은 시름 겨워 초췌해지고
형용은 비쩍 말라 야위었더라.

어부가 이를 보고 물어 말하길.
"그대는 삼려대부(三閭大夫)아니신가요?
이런 곳엘 무슨 일로 오신 건가요?"

굴원이 대답하여 말을 하기를,
"온 세상 모두가 흐려 있는데
나 혼자만이 맑고 깨끗했으며,
(거세개탁 아독청 : 擧世皆濁我獨淸)
뭇 사람들 모두가 취해 있는데
나 혼자만이 맑은 정신 깨어 있어서
(중인개취 아독성 : 衆人皆醉我獨醒)
그만 이렇게 추방당한 거라오."

어부가 이 말 듣고 말을 하기를,

"성인은 사물에 막힘이 없어
세상과 추이(推移)를 같이 한다오.
세상 사람 모두가 흐려 있다면
어째서 진흙물 흙탕질을 쳐
그 물결 더 높이 일으키질 않으며.
뭇 사람 모두가 취해 있다면

그 술 지게미 배불리 먹고
박주(薄酒)나마 마셔 두지 않고서

어째서 깊이 생각, 높이 행동해
스스로 추방을 불러 왔나요?"

굴원이 이 말 듣고 다시 말하기를,

"내 일찍 이런 말 들은 적이 있다오.

새로 머리 감은 이는 갓 먼지 털어 쓰고
새로 몸을 닦은 이는 옷을 털어 입는다고,
(신목자 필탄관 : 新沐者必彈冠)
(신욕자 필진의 : 新浴者必振衣)

그러니 어찌 이 깨끗한 내 몸으로
저 더러움을 받을 수 있으리요?

차라리 상수(湘水) 물가로 달려 가

물고기 뱃속에 장사지낼지언정
어찌 이 희고 깨끗한 내 몸으로
세속의 티끌을 뒤집어 쓸 수 있으리요?"

어부가 듣고서 빙그레 웃고는
돛대를 올리며 가면서 노래하길

'창랑의 물이 맑으면 이 내 갓끈을 씻고,
창랑의 물이 흐리면 이 내 발을 씻으리.'
[창랑지수청혜(滄浪之水淸兮), 가이탁오영(可以濯吾纓)
 창랑지수탁혜(滄浪之水濁兮), 가이탁오족(可以濯吾足)]

갓은 벼슬을 의미한다. 갓끈을 씻는 것은 출사(出仕)를 의미하는 것이고, 발을 씻는다는 것은 은퇴를 의미하는 것이다. 세상이 맑고 도(道)가 행해지면 벼슬길로 나가 그 뜻을 펼치고 그렇지 않으면 초야에 묻혀 발이나 씻으며 자연을 벗 삼는다는 뜻이다.

세상의 모든 불의와 부정에 물들지 않고 맑고 깨끗한 삶을 살아가는 중취독성(衆醉獨醒), 탄관진의(彈冠振衣). 그리고 세상을 관조하며 지조를 지켜가는 탁영탁족(濯纓濯足). 많은 세월이 흘렀지만 모두 오늘날까지 훌륭한 귀감이 되는 고사이다. 권력과 부귀가 보장된 자리를 마다하고 은둔하기란 쉽지 않다. 그러나 탁류에 쉽싸여 몸을 버리기 보다는 지조를 지키며 자연을 벗하는 것이 훨씬 운치있고 격이 높아 보인다. 모름지기 나아갈 자리와 물러서야 할 자리를 분명히 하며, 곧은 처신으로 세상을 관조하며 살아가는 것이 시대에는 뒤져 보일지는 몰라도 존경을 표하고 싶다. 모두 맑은 마음으로 아름다운 세상을 만들어 갔으면 한다.

겸양은 사람을 더욱 위대하게 한다

선교사이자 의사였던 위대한 슈바이처 박사가 아프리카 선교를 마치고 고향으로 돌아올 때 있었던 일화라 한다.

슈바이처박사가 온다는 소식을 듣고 많은 사람들이 기차역에서 기다렸다. 마침내 기차가 도착하고 사람들은 1등칸 앞으로 몰려갔다. 그러나 손님이 다 내릴 때까지 슈바이처박사의 모습은 보이지 않았다. 혹시 2등칸을 타고 왔나 생각해서 사람들은 다시 2등칸 쪽으로 몰려갔다. 역시 거기에도 슈바이처박사는 없었다.

그래서 사람들은 설마하는 마음으로 3등칸 쪽으로 갔다. 그리고 3등칸의 맨 끝에서 슈바이처박사가 내리는 것을 발견했다. 모두들 의아해서 물었다. "박사님처럼 위대하신 분이 왜 3등칸을 타고 오셨습니까?"

그러자 슈바이처박사가 말했다.

"4등칸이 없었기 때문입니다."

겸양은 사람을 더욱 위대하게 한다.

무릎을 꿇고 비석을 다듬는 석공이 있었다. 석공은 땀흘리며 비석을 깎고 다듬었다. 그리고 나중에 그 비석에 명문을 각인했다.

그 과정을 한 정치인이 바라보고 있었다. 그는 작업을 마무리짓던 석공에게 다가가 "나도 돌같이 단단한 사람들의 마음을 당신처럼 유연하게 다듬는 기술이 있었으면 좋겠소. 그리고 돌에 명문이 새겨지듯 사람들의 마음과 역사에 내 자신이 새겨졌으면 좋겠소."라고 말했다.

그러자 석공이 대답했다.

"선생님도 저처럼 무릎 꿇고 일한다면 가능한 일입니다."

오만과 독선에 빠지지 말고 늘 자신을 낮추고 진실된 마음으로 상대를 대한다면 사람들의 마음과 역사에 더 깊이 각인될 수 있을 것이다.

어느날 제자가 스승에게 물었다.

"진리란 무엇입니까?"

스승이 대답했다.

"길바닥에 있는 돌이다."

그것이 무슨 뜻이냐고 제자가 묻자 스승이 말했다.

"길에 있는 돌을 집으려면 몸을 굽혀야 한다. 진리란 겸손한 자세에서 나온다. 자세를 낮추면 오히려 더 큰 존경을 받게 된다."

모두가 다 조그마한 재물이나 권세만 있어도 잘난척 하기 바쁘고 모두가 다 더 위로 올라가지 못해 안달한다. 좋은 곳, 높은 곳만 바라보며 살아간다. 그러나 만물을 주재하는 물은 자신을 낮추고 더 낮은 곳으로만 흘러가기에 크고 너른 바다가 된다. 진실로 위대해지고 싶다면 겸양지덕(謙讓之德)부터 깨우쳐 가야 할 것이다. 늘 낮은 곳에서 모두를 스승으로 모시고 배우는 자세로 겸허히 살아가야 할 것이다.

'씨감자'와 '빨간 감'을 기억하자

　감자는 아직 겨울이 채 지나지 않은 초봄에 심어 한여름이 되기 전에 수확한다. 보릿고개를 넘던 시절 감자는 주린 배를 채워주던 생명의 은인이었다. 구워먹어도 삶아 먹어도 국 끓여 먹여도 그저 감칠 맛 나던 감자의 고마움은 아직도 기억이 새롭다.
　주렁주렁 매달린 감자의 풍성함은 씨감자의 고행의 결실이다. 모두가 다 씨감자가 되는 것은 아니다. 말라 비틀어지더라도 인내하며 발아하지 말아야 하고 자신의 몸을 잘라내는 살을 에는 고통을 감내해야 한다. 흉년 배고픔에 못 견뎌 굶어 죽는 한이 있더라도 내년 농사에 쓸 씨감자는 절대 먹지 않았다.
　이원수님의 '씨감자'라는 시는 노래로도 애창되었다.

감자 씨는 묵은 감자,
칼로 썰어 심는다
토막 토막 자른 자리
재를 묻혀 심는다
밭 가득 심고 나면

날 저물어 달 밤
감자는 아픈 몸
흙을 덮고 자네

오다가 돌아보면
훤한 밭골에
달빛이 내려와서
입 맞춰 주고 있네

　주역 64괘중 다 빼앗기고 단 하나의 가능성만 남아있는 상태, 언제 나락으로 전락할지 모르는 절망의 상태를 나타내는 박괘(剝卦)의 효사(爻辭)에 '석과불식(碩果不食)'이라는 구절이 있다고 한다. 이 말은 '씨 과실은 먹지 않는다'는 뜻이고 더욱 적극적으로 해석하면 '씨 과실은 먹히지 않는다'라고 할 수도 있다.
　무성한 잎사귀를 죄다 떨구고 겨울의 입구에서 앙상한 나목으로 서 있는 감나무는 비극의 표상이다. 그러나 그 가지 끝에서 빛나는 빨간 감 한 개는 아름다운 '희망'이다. 그 속의 씨가 이듬해 봄에 새싹이 되어 땅을 밝고 일어서기 때문이다.
　절망의 상황에서 희망의 언어는 자라나고 있다. 떨어진 잎사귀가 씨앗을 키우고 나무를 자라게 하듯 절망은 희망을 싹틔우는 밑거름이 된다. 말라 비틀어진 조각난 씨감자가 있는 한, 추위와 맞서는 빨간 감 한 개가 있는 한 희망을 잃지 않았으면 한다. 지금 비록 굶주려도 씨 과실을 먹지 않고 봄을 준비해 가면 풍요로운 그날은 반드시 온다. 힘들 적에는 '씨감자'와 '빨간 감'을 주문처럼 되뇌이며 가슴에 각인했으면 한다. 절망속에서도 삶을 아름답고 희망차게 가꾸어 갔으면 한다.

| 3부 |
가을, 지혜
(智慧)

반대자에 대한 공정한 평가와
배려를 키워가자

　우리나라에서 당쟁의 대표로 꼽히는 것이 예송논쟁이다. 효종과 효종비 인선왕후 사후 효종의 계모인 자의대비(조대비) 복상문제로 2차례에 걸쳐 목숨이 오가는 치열한 싸움이 있었다. 당시 서인(西人)의 좌장은 우암 송시열선생인데 어느 날 중병에 걸린다. 용하다는 의원은 다 진맥해 보았지만 고치지를 못했다.
　우암선생은 마침내 그의 아들에게 자신의 숙적인 남인(南人)의 좌장 허목선생에게 가서 처방전을 받아 오라고 한다. 그 약방문에는 온갖 독약이 가득했다. 우암선생 측근들은 대로하고 처방전을 따르지 말라고 우암선생에게 간언했다. 그러나 선생은 처방전대로 약을 지을 것을 명하셨고 그 약을 드셨다. 병은 깨끗이 나았다. 원체 중병이라 극약처방이 불가피했던 것이다.
　정책대결을 벌릴 적에는 생사를 걸고 싸웠지만 학문에 대한 실력이나 또 사람에 대한 존경, 신뢰는 늘 가졌던 것이다. 숙적에게 욕먹을 줄 알면서 극약처방을 해준 분이나 주위반대를 물리치고 그걸 덥석 믿은 분이나 정말 배포가 대단한 분들이다. 정적이더라도 상대에 대한 평가나 마음 깊이 통하는 따뜻한 배려는 참 배울 점이 많다. 어떤 논쟁을 하거나 투쟁을 할 적에 우리도 이런 큰 마음, 열린자세를 가져야 할 것이다.

의회민주주의가 가장 발달한 나라하면 대부분 이의없이 영국을 꼽는다. 그러나 초기에는 어떠했는가? 휘그당이니 토리당이니 하며 당명도 아예 폭도나 유적(流賊)이라는 뜻일 만큼 헐뜯기, 비방, 중상모략 등 엉망이었다. 그것을 세계의 모범으로 만든 것이 바로 자유당을 이끈 글래드스턴(William E. Gladstone)과 보수당을 이끈 디즈레일리(Benjamin Disraeli)다.

추진하던 정책이 부결되면 기꺼이 수상직을 물러나 상대방이 집권하여 새로운 구상을 펼칠 기회를 주고 또 비록 정적이지만 그 능력은 늘 인정해 주었다. 이렇게 이들이 싸우고 양보하는 동안 영국의 의회민주주의는 한 달음에 그 격이 높아졌던 것이다.

선거법개정문제로 첨예하게 싸우고 있을 적에 한 양반이 디즈레일리에게 "글래드스턴이 템즈강에 빠져 죽는다면 어떻겠느냐?"는 짓궂은 질문을 했다. 그러자 디즈레일리는 "우리당의 경사요, 대영제국의 불행이다."라고 말했다. 상대에 대한 당당한 평가, 당당한 대결이 참 아름다워 보이지 않는가. 무릇 큰 마음, 넓은 가슴을 가져야 한다.

모든 모임에서 비록 나와 입장이 달라도 논리적 타당성이 있고 순수성이 있다면 상대에 대한 존경, 공정한 평가와 배려의 마음을 키워가야 한다. 반대자도 감쌀 수 있는 너른 마음, 따뜻한 여유가 있어야 영국의회처럼 격높은 도약이 가능 할 것이다.

매화꽃과 차꽃이 보는 곳을 보라

나는 오만에 빠질만큼 일이 잘 풀릴 적에는 늘 주술처럼 읊조리는 말이 있다.

'매화꽃과 차꽃이 보는 곳을 보라.'

사군자의 으뜸인 매화는 만물이 추위에 떨고 있을 때 눈보라를 뚫고 꽃을 피워 봄을 가장 먼저 알려 주기에 불의에 굴하지 않는 선비정신의 표상이 되어 왔다. 또한 매화는 열매속에 독을 넣어 새들이 함부로 씨를 퍼트리지 못하게 하여 고결함의 상징이 되어 오기도 했다.

이렇듯 고독하고 순결한 지사(志士)의 상징인 매화는 다른 꽃들이 모두 하늘을 올려다보며 필 때 자신은 먼 땅을 내려다보며 핀다. 모두가 잘났다고 으스대며 남을 짓밟고서라도 높은 곳으로 올라가려고만 할 때 매화꽃은 다소곳이 자신을 낮추고 아래를 바라보며 미소 짓는다.

매화나무는 살찌지 않고 홀쭉 마르게 자라나며, 매화는 활짝 피지 않고 수줍은 듯 꽃봉오리를 오므리고 피어난다. 매서운 한파에 굴하지 않는 꼿꼿함이 있으나 겸양지덕을 갖춰 늘 자신을 낮추고 드러내지 않으려 한다.

매화는 탈속과 고결의 이념으로서 항상 우리 곁에 있어 왔다. '상징과 이미지'로서의 매화는 색 바랜 고서의 종이 위에서, 병풍이나 족자의 섬세한 비단 위에서, 때로는 청자와 백자의 차가운 도자기 위에서 개화했던 것이다.

조선 중기의 학자 신흠(申欽)은 '야언(野言)'에서 매화를 "매일생한 불매향 (梅一生寒不賣香–매화는 일생을 추워도 그 향을 팔지 않는다.)"이라고 노래했다. 매화는 한평생을 춥게 살아가더라도 결코 그 향기를 팔아 안락을 추구하지 않듯이 청빈한 선비는 결코 가난을 부끄럽게 생각하지 않고 올곧은 선비는 지조를 자신의 생명처럼 소중히 여겨야 한다. 아무리 힘들어도 올곧음을 잃지 않는 것이 우리들 삶의 지표가 되어야 할 것이다.

'야언(野言)'의 앞뒷구절도 매화의 지조와 그 맥을 같이한다. 전문은 다음과 같다.

桐千年老恒藏曲(동천년로항장곡)
오동은 천년을 묵어도 자기 곡조를 간직하고,
梅一生寒不賣香(매일생한불매향)
매화는 일생을 춥게 살아도 자기향기를 팔지 않는다.
月到千虧餘本質(월도천휴여본질)
달은 천번을 이지러져도 본바탕은 변치않고,
柳經百別又新枝(유경백별우신지)
버드나무 가지는 백번 꺾여도 새 가지가 돋는다.

꽃이 진 후 열매가 맺히기에 대개의 식물들은 꽃과 열매가 함께하지 않는데 차(茶)나무는 신기하게도 꽃과 열매가 함께 마주보고 있다하여 실화상봉수(實花相逢樹) 혹은 모자상봉수(母子相逢樹)라고 한다.

우리의 마음을 맑게 씻어주는 지조와 정절을 상징하는 흰색의 차(茶)꽃 역시 땅을 보며 피어난다. 항상 자신을 낮추는 곳에 도(道)가 있다는 진리를 가르쳐 주는 듯 하다.

오만과 독선에 빠지지 않게끔 늘 자신을 다듬어 가야 할 것이다. 살포시 고개숙인 매화와 차꽃을 보며 겸양과 고결함을 배워가야 할 것이다.

오만에 빠질만큼 일이 잘 풀릴 적에는 늘 주술처럼 읊조려 보자.

'매화꽃과 차꽃이 보는 곳을 보라.'

산위로 올라가는 양이 비싸게 팔린다

히말라야 고산족들은 양을 매매할 때 양의 크기나 털의 윤기 등에 따라 값을 정하는 것이 아니라 양의 행동을 보고 값을 정한다고 한다.

양을 가파른 산비탈에 묶어두고 파는 사람과 사는 사람이 지켜본다. 이 때 양이 산위로 올라가면서 풀을 뜯으면 말라 비틀어져 보이는 양이라도 후한 값을 쳐주고, 산 아래 계곡쪽으로 내려가며 풀을 뜯으면 좋게 보이는 양이라도 가격이 떨어지게 된다.

힘들더라도 산 위로 올라가는 양은 산허리 넓은 초원에 다다르게 되지만, 아래로 내려가는 양은 결국 계곡에 이르러 굶주려 죽을 것이기 때문이라 한다.

지금은 비록 보잘 것 없어도 긍정적 생각을 가지고 꿈과 희망을 향해 끊임없이 전진하는 사람은 성공하지만, 좀 여유롭다고 그저 편하고 쉬운 길로만 가려 한다면 설탕으로 끼니를 때우듯 언젠가는 몸을 망치고 말 것이다.

역사에 족적을 남긴 모든 이들은 현실에 안주하기 보다는 긍정적 사고로 현실을 개척해 갔다. 징기스칸이 무너뜨리기 어려웠던 성을 공격하기로 한 큰 전투가 벌어지던 날 아침식사를 할 적에 밥상의 다리가 부러졌다. 측근 참모들과 장군들이 모두 불길한 징조라며 전투를 미룰 것을 건의했다. 그러나 징기스칸은 "밥상의 다리가 부러졌다는 것은 더 이상 우리가 밖에서 비바람 맞으며 밥을 먹지 않아도 된다는 뜻이다. 내일 아침은 성 안에서 먹게 될 것이다. 이 전투는 우리가 승리한다. 오늘로서 고생은 끝이다."며 병사들을 독려했고 전쟁은 대승했다.

밥상다리가 부서진 동일한 결과도 우리가 어떻게 해석하고 어떤 마음가짐을 갖느냐에 따라 그 결과는 판이하게 달라진다. 역사는 긍정적 생각으로 자신감있게 추진하는 사람들이 만들어 간다.

골리앗이 이스라엘 군 앞에 나타났을 때 병사들은 한결같이 생각했다. "저렇게 거대한 자를 어떻게 죽일 수 있을까?" 다윗도 골리앗을 보았으나 그는 이렇게 생각했다. "저렇게 크니 절대 빗맞을 일은 없겠군."

부정적, 비관적 사고로는 인생이 바뀌지 않는다. 매서운 봄바람이 나무줄기에 양분을 올려주듯 역경은 더 큰 도약의 밑거름이라는 긍정적 믿음을 가져야 한다.

일본에서 경영의 신으로 추앙받는 마쓰시타 고노스케는 "감옥과 수도원의 공통점은 둘다 세상과 고립(孤立)되어 있다는 것이다. 차이가 있다면, 불평을 하느냐, 감사를 하느냐 뿐이다. 비록 감옥 안이라 할지라도 감사하며 지낼 수 있다면 수도원이 될 수 있다."고 했다. 수도원에서도 불평한다면 그곳이 곧 감옥이다. 모든 것은 마음먹기 달렸다.

기왕이면 긍정적으로 생각하고 당장 힘들더라도 좌절하지 말고 끝까지 희망을 향해 나아가야 할 것이다.

장미에 가시가 있다고 생각하는 것보다 험한 가시 숲을 뚫고 장미가 피어났다고 생각하면 장미가 더 아름답게 보이지 않을까? 동일한 사안도 긍정적으로 생각하며 희망찬 내일을 준비해 갔으면 한다.

기와를 갈아서 거울을 만든다

　마조도일선사는 중국 당나라의 선승으로 혜능문하의 남악회양(南岳懷讓)의 법을 이었다. 그가 이룬 홍주종파는 후에 임제종으로 발전하게 되며 '견성'의 절대적 가치가 선사에 의해 생활화, 보편화 되었다 한다.
　마조선사는 오로지 좌선에만 몰두해 있었다. 한번 가부좌를 틀고 앉으면 먹고 자고 눕는 일을 포기해 버렸다. 엉덩이가 헐어서 살이 썩는 냄새가 나도 명상에 잠긴채 좌선에 몰입해 있었다.
　마조선사는 회양선사를 친견하고 난 후에도 자리를 잡고 가부좌를 튼 채로 좌선에 들어갔다. 어느날 회양선사는 마조선사에게 물었다.
　"좌선을 하여 무엇을 얻고자 하느냐?"
　"성불 하고자 합니다."
　그러자 회양선사는 옆에있던 기와장 한조각을 줏어들고 좌선을 하고 있는 마조선사 옆에서 바위에 대고 갈기 시작했다.
　한참을 좌선에 몰입하던 마조선사도 마침내 기이함을 참지 못하고 물었다.

"스님, 그것을 왜 그리도 열심히 가십니까?"

"이것을 갈아 거울을 만들려고 한다(磨瓦作鏡)."

마조선사는 어처구니가 없었다.

"아니 스님, 기와를 갈아서 어떻게 거울을 만든단 말입니까?"

그러자 회양은 통렬하게 쏘아 붙였다.

"기와를 갈아서 거울을 만들 수 없다면 좌선만 한다고 부처도 될 수 없는 것 아닌가?"

마조는 말문이 막혔다. 20년이 넘게 피와 뼈가 삭도록 좌선을 해온 그 깨달음이 캄캄한 암흑을 헤메고 있었다.

깊은 침묵을 깨고 다시 물었다.

"그러면 어떻게 하여야 합니까?"

"만약 수레에 짐을 싣고 가다가 수레가 가지 않는다면 수레를 때려야 하느냐 소를 때려야 하느냐? 그대는 좌선수행을 하려 하는가, 좌불을 배우려 하는가? 선은 앉아 있는 것에 있지 아니하고 부처는 일정한 모습이 있는 것이 아니다. 특정한 형식에만 집착한다면 너 자신과 부처 모두가 죽고 말 것이다."

마조는 그토록 캄캄한 어둠의 끝에서 한 줄기 빛을 보았다. 눈 앞의 산천초목 모두가 법신 아님이 없었다.

일이 잘 되지 않으면 세상을 원망하기 전에 자신을 먼저 돌아 보아야 한다. 가부좌틀고 앉아만 있는다고 모두 부처가 되지는 않는다. 수레를 때리는 무모함에서 벗어나 소를 때리는 지혜를 깨우쳐 가야 할 것이다.

역경이 아름다운 선율을 만든다

　오바마가 미국 대통령이 된 것은 특히 흑인출신이라 더 각별한 감동을 주었다. 그는 케냐인 아버지와 백인 어머니사이의 혼혈로 부모의 이혼, 모진 인종차별 등으로 고교 재학시절 때 이미 마약을 복용하기도 하였다.
　그러나 역경과 절망 속에서도 담대한 희망을 잃지 않았고 긍정적 사고 진취적 열정으로 결국 세계의 기적을 만들어 내었다. 온실 속 화초보다는 모진 비바람에 부딪치며 강인하게 피어난 야생초가 향기 더욱 진하듯 불가능을 현실로 만들 때 우리는 더욱 가슴 저린 감동을 맛보게 된다.
　바닷가 바위틈에서 죽지 않고 꽃을 피우는 해국(海菊)도 기적의 상징이다. 생존을 위한 필수조건인 흙도 물도 없는 바위에서 한여름 뙤약볕과 가뭄을 견뎌야 한다. 더욱이 세찬 해풍과 짠 바닷물이 수시로 덮치는 최악의 환경이다.
　그럼에도 해국은 마침내 아름다운 꽃을 피우고 파아란 가을하늘을 향해 활짝 웃는다. 고난과 역경을 이겨냈기에 그 미소가 더욱 대견하고 아름답다. 비옥한 땅에서 자란 꽃보다 척박한 땅에서 자란 꽃이 훨씬 더 아름답고 많은 깨우침을 준다.

　로키 산맥 해발 3천 미터 높이에는 수목한계선 지대가 있다고 한다. 이 지대의 나무들은 매서운 바람으로 인해 곧게 자라지 못하고 무릎 꿇고 있는 모습을 하고 있다. 고통스럽고 열악한 환경이지만 무서운 인내로 의연하게 생존해 가고 있는 것이다.

　그런데 세계적으로 가장 공명이 잘 되는 명품 바이올린은 바로 이 '무릎 꿇고 있는 나무'로 만든다고 한다. 아픔을 아는 나무이기에 최고의 선율을 낼 수 있을 것이다.

　사람도 꽃도 나무도 모두 역경을 이겼을 때 더욱 빛나 보인다. 고난과 아픔을 겪어 온 사람만이 아름다운 영혼을 가질 수 있고 인생의 절묘한 선율을 낼 수가 있다. 오늘 비록 힘들고 어려워도 내일의 아름다움을 위한 단련이라 생각하며 굳건히 전진해 갔으면 한다.

　밤은 반드시 아침을 데리고 온다. 밝고 희망차게 인생을 설계해 갔으면 한다.

방귀만 뀌는 스컹크는 죽을 수 밖에 없다

예전에 한 취업사이트 설문조사에 의하면 '스컹크형' 직장인이 퇴출 1순위라고 했다. '스컹크형'이란 주변의 변화를 감지하지 못하고 타성에 젖어 창조적 변화를 거부하는 유형을 말한다.

북미 지역에서 도로가 뚫리고 또 확장되면서 자동차 통행이 늘어나게 되자 스컹크가 멸종 위기에 이르렀다고 한다. 과거적으로부터의 위기를 모면하기 위해 늘 방귀를 뀌어대던 스컹크가 지나가는 자동차에게도 방귀만 뀌어 대다가 수도 없이 깔려 죽어 멸종 위기에 처하게 되었다는 것이다.

스컹크는 방귀를 통해서 적으로부터 자신을 보호해 왔고 과거에는 물론 그 방식이 최선이었다. 그러나 주변 환경이 바뀐 것을 인식하지 못하고 예전부터 내려오던 방식만 고수하다가 몰락의 길로 접어들게 된 것이다.

스컹크가 구사하는 낡은 전략을 탈피하지 못하면 기업도 순식간에 망하고 만다.

코닥은 130여년의 전통을 가졌고 제약업까지 사업을 확장했던 1984년의 직원수는 무려 14만5000명으로 미국을 대표하는 다우지수의 30대 기업에 포함되었다.

하지만 정보기술(IT)붐이 일던 와중에 코닥은 디지털 시대가 되면 플라스틱 필름이 필요 없어진다는 사실을 깨닫지 못했고 변화를 준비하지 않은 코닥의 대가는 혹독했다. 다우지수 목록에서는 이미 오래전에 탈락했고 순식간에 조그마한 중소기업으로서도 살아남기 바쁜 처지로 전락했다.

지금은 큰 기업이 작은 기업을 먹는 시대가 아니라 변화에 빠른 기업이 변화에 더딘 기업을 먹는 시대다. 기업이나 개인 모두가 고정관념을 가지고 타성에 젖어 삶을 살아간다면 스컹크의 몰락을 경험하게 될 것이다.

핀란드의 노키아는 변화에 성공한 대표적 사례로 꼽힌다. 노키아는 국토의 약 70%가 삼림으로 덮여 있어 제지와 펄프사업을 하는 회사로 출발했다. 그러나 무분별한 사업 확장과 최대 고객이었던 소련의 붕괴로 특히 주력이었던 펄프와 제지사업이 사양길로 접어들면서 큰 어려움에 봉착했다.

1988년에는 사장이 경영악화로 자살할 만큼 최대 최악의 위기에 처하기도 했다.

1992년 41세의 젊은 나이로 새로운 노키아의 회장 겸 CEO로 취임한 요르마 올릴라는 디지털 휴대폰시대가 열릴 것이라는 흐름을 정확히 짚어내고 휴대전화 사업에 집중키로 하고 강력한 구조조정을 실시했다.

당시 노키아가 모바일 통신사업에 포함되지 않는다는 이유로 과감히 포기한 케이블 사업은 세계적인 시장점유율을 갖고 있을 정도로 노키아의 변화는 엄청난 도박이었다.

노키아는 결국 1998년 미국 모토롤라를 제치고 세계 1위 휴대폰 업체로 자리를 굳혔다. 핀란드 국민 10명중 1명이 노키아와 관련된 일을 하고 있을 정도로 노키아는 핀란드 대표기업이 되었고 세계시장을 석권하고 있다.

폐암선고를 받고도 늘 습성대로 담배를 피워댄다면 죽는 수 밖에 없다. 그러나 담배를 끊고 굳세게 변화를 모색한다면 살아날 방법은 있다. 닫힌 문은 언젠가는 반드시 또 열리는 법이다.

어려운 현실을 푸념하기 보다 새로운 변화와 가열찬 도전을 준비해 가야 한다. 좋은 대학이나 빽으로 밥벌이 하던 시대, 연공서열로 승진하던 시대는 끝났다. 봄이 오면 겨울 외투를 벗어야 하듯 변화에 도전하며 새로운 미래를 개척해 갔으면 한다.

조화로움(和)과 동일함(同)은 다르다

군자는 화이부동(和而不同)하나 소인은 동이불화(同而不和)한다는 말이 있다. 군자는 조화로우나 남들과 동일하지가 않고 소인은 남들과 동일한 듯하나 조화롭지 않다는 뜻이다.

제나라 경공이 안영에게 평소에 총애하던 시종을 가리키며 말했다. "저 놈은 매우 어여쁘다. 늘 나와 장단을 잘 맞추고 있다."

안영이 장단을 잘 맞추고 있는 게 아니라 비위를 맞추고 있을 뿐이라고 말하자 경공은 "장단을 맞추는 것과 비위를 맞추는 것이 서로 어떻게 다른가?"라고 물었다.

안영이 말했다. "장단을 맞춘다, 곧 조화를 이룬다는 것은 요리의 맛내기와 같은 것입니다. 가령 생선 요리를 할 때 물과 식초, 육수, 소금 등을 넣어서 간을 잘 맞추어야 제맛이 나듯 부정해야 할 점이 있으면 그것을 들추어내고 제거하여 긍정적인 면을 보다 완전하게 만들어야 합니다. 이것이 조화입니다.

그런데 저 사람은 그렇지가 않습니다. 단순히 비위를 맞추고 있을 뿐입니다. 왕께서 긍정하시는 것을 긍정하고, 부정하시는 것을 부정할 뿐입니다.

그것은 어디까지나 동(同)일 뿐이지 화(和)가 아닙니다. 물 속에 물을 넣는다고 해서 물이 더 좋아지는 것은 아닙니다. 만약에 모두가 똑같은 의견으로 입을 모아 그렇다, 그렇다 한다면 흰 국에 흰 국을 추가하는 것과 같습니다."

안영은 서로 다른 의견들 가운데 공통점을 찾아내는 것을 '화(和)'라고 하고, 의견의 차이를 용납하지 않고 억지로 일치를 요구하는 것을 '동(同)'이라 불렀다.

'화(和)'란 요리사가 고기국을 끓일 때 싱거우면 소금을 넣고, 짜면 물을 태우듯이 임금이 옳다고 하는 것에 대해 반대의 입장에서 바로 잡아 주는 것을 말하고, '동(同)'이란 임금이 옳다고 하면 옳다고 말하고, 임금이 그르다고 하면 그르다고 말하기 때문에 짠 국에 소금을 더 넣고, 싱거운 국에 물을 더 태우는 것과 같이 백해무익하다는 뜻이다.

'화(和)'는 다양성을 인정하는 것이다. 관용과 공존, 평화의 논리이다. '동(同)'은 획일적 가치만을 용납하고 나와 다름을 인정하지 않는다는 뜻이다. 지배와 흡수, 합병의 논리이다.

'화(和)'는 각자 개성과 주장을 존중하며 결론을 도출해 가는 전략회의를 연상케 하나, '동(同)'은 불만을 표출 못하는 조폭들의 획일적 하나됨을 연상케 한다.

모든 조직, 단체, 사회의 질적 성장은 '동(同)'과의 결별에서부터 시작해야 한다. 나와 같게끔 흡수 지배하려는 것이 아니라 나와 다름을 인정하려는 '화(和)'에 기반해야 아름다운 사회가 된다.

태생적으로 '동(同)'의 이론적 토대를 갖는 한 극좌건 극우건 상대를 비판할 자격이 없고 오히려 비판의 대상에 불과함을 명심해야 한다.

생강은 그 특유의 맛과 향도 강하지만 모든 요리재료와 잘 어우러져 다른 음식의 맛과 향도 더 진하게 만들어 준다. 나만 잘난 것이 아니라 모두의 품격을 높여주는 생강이 되어야 할 것이다.

"군자화이부동(君子和而不同), 소인동이불화(小人同而不和)"

'군자는 조화를 이루되 부화뇌동하지 않고, 소인은 부화뇌동할 뿐 조화를 이루지 못한다."

"군자는 다양성을 인정하고 지배하려고 하지 않으나, 소인은 지배하려고 할 뿐 공존하지 못한다."

말하는 연습보다
말듣는 연습이 더 중요하다

　청나라의 황금시대로 일컬어지는 강희, 옹정, 건륭의 3대에는 특히 식자층에 대한 통제정책인 문자옥(文字獄)이 매우 심했다.
　우리나라도 고려말 이성계가 왕이 되기 위해 이(李)자를 파자(破字)하면 '십팔자(十八字)'가 되니 이(李)씨가 왕이 된다는 뜻으로 '팔자 위왕(十八字爲王)'을 퍼뜨린 적이 있었고, 조선 중종때 나뭇잎에 과즙을 발라 벌레가 갉아 먹은 글자 '주초위왕(走肖爲王)' 즉, 조(趙)씨가 왕이 된다는 모함으로 조광조를 사사시킨 적이 있었다.
　또 군부독재시절에는 김지하시인이 재벌, 국회의원, 고급공무원, 장성, 장차관을 일컫는 오적을 모두 개 견(犬)자가 들어간 한자를 이용해 신조어를 만들기도 했었다. 모두 문자의 묘미를 잘 활용한 것이었다.
　각설하고 청 왕조의 문자옥은 한족의 민족의식을 소멸시키고 언론탄압을 통해 정권장악력을 높이기 위한 수단으로 활용된 측면이 있다지만 그 잔혹상은 유별나게 혹독하고 처절하였다. 옹정제(雍正帝) 적에 강서성의 향시에 사사정이란 시험관이 유민소지(維民所止-오직 백성들이 머무를 자리)란 문제를 내었다가 일가족이 모두 몰살당했다.

유민소지의 '유(維)'자는 옹정제의 '옹(雍)' 자의 목을 자른 것이고, '지(止)'자는 '정(正)'자의 목을 자른 것이니 유민소지(維民所止)는 결국 '옹정(雍正)'의 목을 자른다는 뜻을 풍자적으로 표현한 것이라고 판단했던 것이다.

문안을 작성하는 서준이 폐하(陛下)의 폐(陛)자를 감옥, 들개를 뜻하는 폐자로 잘못 썼다가 파면된 적도 있었다.

건륭제(乾隆帝)때는 문인 호중조(胡中藻)의 '일세일월무(一世日月無-이 세상에는 해와 달이 없구나)'라는 싯구가 문제가 되었다. 일(日)자와 월(月)를 합하면 명(明)자가 되므로 건륭제는 이 싯구를 '명나라가 멸망한 것을 슬퍼한다'는 뜻으로 파악했던 것이다.

그의 또 다른 시(詩) 중에 "일파심장논탁청(一把心腸論濁淸-내 한 줌의 심장으로 청탁을 논한다)"이라는 싯구가 있었다.

청탁(淸濁)을 탁청(濁淸)으로 바꾸는 것은 사성법과 각운을 맞추기 위함이었는데 건륭제는 이를 '탁한 청나라 왕조'의 뜻으로 해석하여 호중조를 사형시켜 버렸다.

건륭제는 '사고전서' 편찬이라는 문화적 위업을 이룩하였음에도 불구하고 분서갱유를 단행한 진시황처럼 문화의 파괴자란 오명을 들어야만 했다. 말꼬리를 잡고 늘어지다가 스스로 말똥을 뒤집어 쓴 꼴이 된 것이다.

보수언론을 욕하다가 보수언론보다 더 지독하게 언론조작을 일삼는 진보를 팔아먹는 인터넷 매체도 있다.

또 엉터리 역사관으로 젊은 학생들을 호도하고 나라의 미래를 편

협하게 몰고가는 수구보수론자들도 있다. 모두가 상대의 합리적 비판에 합리적 대응을 하기보다는 반대론자의 입에 강압적 재갈을 물리지 못해 안달하고 있는 것이다.

보수냐 진보냐가 중요한 것이 아니라 건강한 토론을 존중하느냐 하지 않느냐가 더욱 중요하다. 어떤 형태로건 말할 자유와 풍자의 묘미를 짓밟아 온 편협한 권력자들은 모두 다 그 결과가 좋지 않았다. 서로 구속이나 강요를 하지 않고 자유롭게 말하고 경청하는 여유를 가져야 한다.

진실로 더 나은 미래를 만들고자 한다면 반대자의 입장을 알아 보려고 노력하며 더 나은 결론을 위해 마음 열고 합심하는 자세가 필수적이다. 말하는 연습보다 말듣는 연습을 더 많이 해 갔으면 한다.

도끼를 갈아 바늘을 만든다

　마부작침(磨斧作針)이란 말이 있다. 도끼를 갈아 바늘을 만든다는 뜻으로 아무리 어려운 일이라도 끈기있게 노력하면 반드시 성공하게 된다는 의미다.
　당나라의 시선(詩仙)이었던 이태백은 훌륭한 스승을 찾아 상의산에 들어가 수학을 했었는데 어느 날 공부에 싫증이 나자 스승에게 말도 없이 산을 내려오고 말았다. 집을 향해 걷고 있던 이백이 계곡 냇가에 이르자 한 노파가 바위에 열심히 도끼를 갈고 있었다.
　"할머니, 지금 뭘 하고 계세요?"
　"바늘을 만들려고 도끼를 갈고 있다(磨斧作針)."
　"그렇게 큰 도끼가 간다고 바늘이 될까요?"
　"그럼, 되고 말고. 중도에 그만두지만 않는다면,,,,,"
　이태백은 '중도에 그만두지만 않는다면'이란 말에 깊이 감명을 받았고 다시 산으로 올라갔다. 그후 이태백은 마음이 해이해지면 바늘을 만들려고 열심히 도끼를 갈고 있던 그 노파의 모습을 떠올리며 분발했고 마침내 시선이 되었다.

　화투의 비광 속에는 개구리와 버드나무, 우산을 쓴 사람이 그려져 있고 화투 속의 그 사람이 바로 일본 3대 서예가 중의 한 사람인 오노도후(小野道風)라 한다.

　오노도후가 젊었을 때 서예 공부를 아무리 해도 실력이 늘지 않아 서예를 그만 두려고 마음 먹고 바람을 쏘이려 밖으로 나갔다.

　장마철이라 밖에는 비가 와서 우산을 들고 한참 걸어 가는데 빗물이 불어난 개울 속에서 개구리 한 마리가 개울 옆 버드나무에 기어 오르려고 안간 힘을 쓰고 있었다. 비에 젖은 버드나무는 미끄러워서 계속 헛탕만 쳤다.

　'저 놈이 얼마나 버티는지 보자. 몇 번 바둥거리다가 어쩔 수 없이 흙탕물에 쓸려 가겠지.' 오노도후는 쪼그리고 앉아서 구경을 했다. 개구리는 미끄러지고 또 미끄러지고, 계속 미끄러지다가 결국에는 죽을 힘을 다해 버드나무로 기어 올랐다.

　그걸 지켜 보던 오노도후는 크게 깨달았다. '햐, 저런 미물도 저렇게 죽을 힘을 다해 나무에 기어 오르는데 내가 여기서 포기를 하면 개구리만도 못하겠구나. 참 부끄럽다!' 그 길로 다시 서당으로 돌아가 필사적으로 서예 연습에 매달려 마침내 일본 제일의 서예가가 되었다 한다.

　화투의 맨 마지막인 12월 그림에 오노도후 이야기를 그려 놓은 것도 뜻이 깊다.　마지막까지 최선을 다하라는 의미다.

　정주영회장의 '빈대철학'도 많이들 회자되었었다. 정회장께서 막일 하던 막사에서 들끓는 빈대로 잠을 잘 수 없게 되자 꾀를 내어 밥상 위로 올라가 잠을 잤다.

　그러나 얼마 지나지 않아 빈대들은 밥상 다리를 타고 올라왔다. 그래서 다시 밥상 네다리에 물을 담은 양재기를 하나씩 괴어놓고 이

제는 빈대들이 꼼짝못하리라 믿고 편하게 잠을 잤다. 그런데도 놀랍
읍게 이틀만에 다시 빈대에게 물리기 시작했다. 빈대들이 물담긴 양
재기를 피해 벽을 타고 천장으로 올라와 사람을 향해 툭툭 떨어졌던
것이다.

  빈대를 보며 크게 깨우친 정회장은 빈대만도 못한 놈이 되어서는
아니되겠다고 굳게 다짐했고 마침내 성공신화를 만들어 갔다.

  동서고금을 막론하고 성공한 분들의 공통점은 유사하다. 긍정적
사고로 끝까지 노력을 다했다는 것이다.

  험한 파도가 유능한 뱃사공을 만들 듯 오히려 역경을 성공의 디딤
돌로 활용해 나가는 지혜를 깨우쳐 가야 할 것이다.

한고조(寒苦鳥)의 나태함을 벗자

　한고조(寒苦鳥)는 히말라야 설산(雪山)에 있다고 하는 전설상의 새이다. 옛날 인도의 히말리야 산맥에는 한고조라는 새 한 쌍이 살았다고 한다. 그런데 이 새는 일반 새들과 달리 깃털이 없고 집을 짓지 않고 밤에는 굴속이나 땅구멍에서 잠을 잔다고 한다.
　설산(雪山)은 해가 뜨면 따스하고 해가 서산에 지기만 하면 영하 30도씩 내려가 춥기가 이를 데 없었다.
　한고조 내외는 추운 겨울날 눈 덮인 나무가지 위에서 암컷이 숫컷에게 "여보 내일 날이 새면 다른 것은 다 그만두고 꼭 집을 지읍시다."하며 밤새껏 잠도 제대로 자지 못하고 추위에 떨었다.
　그러나 아침 햇살이 퍼지면 어제 밤의 그 추웠던 악몽을 깨끗이 잊고 "여보! 아침이 왔어요 어서 날아가 모이를 먹어야지요."하며 두 내외는 하늘높이 훨훨 날아다니며 하루를 마음껏 즐기고 배불리 먹었다. 그러나 밤이 찾아오면 낮의 그 행복했던 순간은 저편 상상 속에만 존재할 뿐 한고조 내외는 또다시 추위에 떨어야 했다.

둥지를 틀지 않아 밤에는 추위에 떨면서도 낮에 따뜻해지면 둥지를 틀 생각은 않고 다시금 게으름을 부리는 한고조는, 덧없는 세상에서 고통에 시달리면서도 워낙 게을러서 인간의 도를 깨우치려 하지 않는 사람을 뜻하기도 한다.

즉 한고조가 한 쌍의 새가 아니라 우리들 중생이라는 것이다. 사람들은 세상을 살면서 같은 잘못을 수없이 반복하며 시행착오 속에서 살아간다. 알면서도 잘못을 고치지 못하고 또한 모르는 잘못도 수 없이 많다.

그러면서 모두 자기는 잘났고 남들은 하루살이처럼 세상물정 모른다고 핀찬만 준다. 하루살이는 봄의 아름다움도 가을의 넉넉함도 모른다. 3년이란 긴 기간을 숨죽이고 고생하다 단 하루만 살고 간다. 그러나 비록 단 하루라 할지라도 자신에게 주어진 시간을 평생으로 알고 있는 힘을 모두 쏟아낸다.

'한고조'처럼 타성에 젖어 평생이 하루같은 삶을 살 것인가, 단 하루를 살아도 '하루살이'처럼 성실하고 뜨겁게 하루를 평생처럼 살 것인가?

'얼마나 오래 사느냐'가 중요한 것이 아니라 '얼마나 가치있게 사느냐'가 중요하다. 주어진 소중한 시간, 열정적이고 힘차게 살아야 할 것이다.

채쩍보다 포옹의 힘이 크다

　삼성그룹의 이건희회장께서는 다음과 같이 말했다. "인센티브라는 것은 신상필벌이 아니고 상만 주는 것이다. 나는 이것을, 인간이 만든 위대한 발명품 중의 하나이며 자본주의가 공산주의와 대결해서 승리한 원인이라고 생각한다."
　승마와 영화를 좋아했던 그는 벤허를 보며 날카로운 분석을 했다.
　"말은 훌륭한 조련사를 만나야 좋은 말이 될 수 있다. 조련사도 그 기술이나 능력에 따라 여러 등급이 있는데, 2급 조련사는 주로 회초리로 말을 때려서 길들이고, 1급 조련사는 당근과 회초리를 함께 쓴다고 한다.
　못할 때만 회초리를 쓰고 잘하면 당근을 주는 것이다. 그러나 특급 조련사는 회초리를 전혀 쓰지 않고 당근만 가지고 훈련시켜서 훌륭한 말을 길러낸다고 한다.
　이런 사실은 '벤허'라는 영화의 전차 경주 장면을 자세히 보면 알 수 있다. 벤허와 멧살라는 말을 모는 스타일부터 전혀 다르다. 멧살라는 채찍으로 강하게 후려치면서 달리는데 벤허는 채찍 없이도 결국 승리한다. 물론 영화 감독이 일부러 그렇게 만들었는지 모르겠지만 그 경주는 한마디로 2급 조련사와 특급 조련사의 경기나 다름없었다.

특히 벤허는 경기 전날 밤 네 마리의 말을 한 마리씩 어루만지면서 사랑을 쏟고 용기를 북돋워 주기까지 한다.

사회에서나 기업에서나 어떤 일을 잘했을 때 상을 준다. 잘하는 사람은 격려를 받으면 더 잘하기 때문이다. 하지만 어떤 일을 잘못했다고 해서 벌을 주어서는 안 된다. 일을 잘못했다는 것이 죄가 아니기 때문이다.

절영지연(絶纓之宴)이란 말이 있다. '갓끈을 끊고 즐기는 연회'라는 뜻으로, 꾸짖음보다는 관대한 사랑의 힘이 더 크다는 것을 보여주는 고사이다.

초나라 장왕이 승리를 자축하는 연회를 베풀 때 갑자기 광풍이 불어 촛불이 모두 꺼져 버렸다. 어둠을 틈타 누군가 왕의 애첩을 희롱했고 애첩은 희롱한 자의 갓끈을 뜯은 후 왕에게 불을 켜서 그자를 처벌해 달라고 고하였다.

그러나 장왕은 촛불을 켜지 못하도록 한 후 신하들에게 모두 갓끈을 끊어 버리도록 명하고 여흥을 다한 뒤 연회를 마쳤다.

3년뒤 장왕은 다시 전투에 나섰다가 큰 위기에 빠졌다. 그 순간 미친듯이 말을 몰고 기적같은 용맹을 발휘하며 장왕을 구한 장수가 있었다. 장왕이 그 장수를 불러 특별히 잘 대우해 준 것도 아닌데 어찌하여 그토록 목숨을 아끼지 않았냐고 물었다.

그러자 그 장수는 3년 전 연회 때 술에 취하여 죽을 죄를 지었으나 왕이 범인을 색출하지 않고 관대하게 용서해준 은혜를 갚은 것이라고 하였다. 이 모임은 갓끈을 끊은 모임이라 하여 절영지회(絶纓

之會)라고도 불린다.

　우리 속담에 '미운놈 떡하나 더 준다'는 말이 있다. 부족함이 많고 실수를 잘 하는 사람이 오히려 지도와 관심이 더 필요한 법이다. 히틀러의 독재보다는 간디의 비폭력, 무저항이나 테레사수녀의 사랑이 훨씬 위대해 보인다. 모두가 특급조련사가 되려 노력하며 사랑의 힘을 키워 간다면 이 세상은 훨씬 더 따듯하고 아름다워 질 것이다.

재물만 채우지 말고 영혼을 채우자

경제적으로 풍요로웠던 모 재벌그룹의 회장과 경제적으로 가장 가난했던 천상병시인, 과연 누가 더 행복했을까 가끔 반문해 보곤 한다. 이권을 따라 움직이는 수십만 추종자를 갖기보다 의리를 중시하는 수십명의 지기를 갖는 것이 오히려 세상을 아름답게 사는 것 아닌가 생각해 본다.

세끼 밥만 먹을 수 있다면 넉넉한 돈 보다는 넉넉한 마음, 물질적 안락함보다는 정신적 자유로움이 훨씬 값질 듯 하다.

의로움이 없는 돈이나 권세가 얼마나 부질없는가를 한번쯤 되새겨 보았으면 한다.

루이14세는 무려 72년간 재위하여 유럽국왕들 중 가장 오랫동안 절대왕권을 가졌었다.

프랑스의 모든 영광과 힘은 바로 왕 자신에게서 비롯된다고 하여 '짐은 곧 국가다'라고 하였고, 태양을 중심으로 위성들이 운행하듯 자신을 중심으로 모든 귀족들이 움직여야 한다고 하여 '태양왕'이라고 까지 칭할 정도로 권력과 부를 한손에 움켜쥐고 있었다.

그러나 나중에 프랑스혁명이 일어나자 그의 자손인 루이16세는 단두대에서 처형되었고, 금단지에 보관되어 있던 그의 심장은 이리 저리 팔려 다니다가 희귀동물에 관심이 많던 프랜시스라는 젊은이의 만찬파티에서 포도주 안주로 씹혀 먹혀 버리게 되었다.

세상사가 다 그리 부질없다. 세계를 휘어잡던 '태양왕'도 얼마지나지 않아 자손이 처형되고 그 심장은 이름모를 젊은이의 포도주 안주거리가 될 정도로 덧없는 것이다.

한때 전 유럽을 호령했던 나폴레옹도 마찬가지다. 그는 죽을 때도 쓸쓸했지만 죽어서도 불운했다. 부검때 잘려나간 그의 성기가 이리 저리 팔려다니며 만인에게 전시되어지며 놀림감이 되곤 했는데, 뉴욕의 프랑스 예술박물관에 바짝 말라 쪼그라든 그의 성기가 전시되었을 때 당시 미국 언론들은 이렇게 묘사했다 한다.

"관객들은 유리관에 들어있는 2.5cm 길이의 전시품을 보고 신기해 했다. 사슴가죽을 잘못 처리해 만든 짧은 구두끈 같기도 하고, 말라 비틀어진 뱀장어 같기도 한 뭔가를 보았기 때문이다."

지금 땅이나 주식이 아무리 많다고 해야 또 기업체를 몇 수십개씩 가지고 있거나 심지어 대통령이 된다고 한들 어찌 루이 14세나 나폴레옹의 부와 권력에 비기겠는가? 수십년만 지나도 그 모든 것들은 그저 한줌 재요, 바람에 지나지 않는다.

재산이 없는 것을 탓하지 말고 영혼이 풍요롭지 못한 것을 탓하고 영혼을 넉넉하게 채워 가야 할 것이다. 빗방울이 연잎에 어느정도 고이면 연잎은 수정처럼 투명한 물을 미련 없이 쏟아 버린다.

연잎은 자신이 감당할 만한 무게만을 싣고 있다가 그 이상이 되면 비워버리는 것이다. 만약 욕심대로 받아버리면 연잎은 마침내 잎이 찢기거나 줄기가 꺾이고 말 것이다.

욕심은 끝이 없고 지나친 과욕은 화를 자초하는 법이다.

넘칠만큼 재물이 모이면 세상을 따뜻하게 만드는 유익한 일을 하며 부보다는 마음을 채워가고, 가진 것이 없다면 밝은 미소라도 나누며 주위 사람들과 인의(仁義)를 깊게 해 가야 할 것이다. 황희정승은 관복이라고는 단 한 벌 밖에 없었고 비오면 빗물이 새는 집에서 살았지만 늘 웃으며 평화로웠다.

또 율곡 이이선생은 유품이라고는 부싯돌 하나만 남길 정도로 청빈하게 사셨지만 아직도 최고의 존경을 받고 있다. 이 분들이 포도주 안주거리가 된 루이14세나 쪼그라든 성기로 웃음거리가 된 나폴레옹보다 행복해 보이지 않는가?

추모 예술제가 있는 천상병시인과 자살 후 세인의 뇌리에서 사라진 재벌회장, 과연 누가 더 의미있고 보람있는 삶을 살다 갔을까? 누가 더 진실된 삶을 살다가 갔을까?

돈도 권력도 있음도 없음도 모두 부질없고 덧없는 일이다.

사람을 아끼고 자연을 사랑하며 정말 영혼이 자유롭고 마음이 풍요로운 삶들을 살아 갔으면 한다.

젖소가 먹는 아침이슬은 우유가 된다

하로동선(夏爐冬扇)이란 말이 있다. 여름의 화로와 겨울의 부채라는 뜻으로 철에 맞지 않거나 쓸모없는 경우를 일컫는 말이다.

어떤 사람이 무더운 여름에 화로를 선물한 후 그 선물이 마음에 들었는지를 묻자 '무더위에 화로가 무슨 소용이 있겠는가?'며 화를 내었다. 이번엔 겨울에 부채를 선물하면서 "마음에 듭니까?"하고 물었다. "이 사람아 겨울에 부채가 무슨 소용이 있겠나? 선물을 하려면 여름에 부채를 하고 겨울에 화로를 해야지. 겨울에 부채가 무슨 소용이 있고 여름에 화로가 무슨 소용이 있겠나?"

이번에는 다른 사람에게 똑 같이 여름에 화로, 겨울에 부채를 선물한 후 똑같이 물어 보았다.

그런데 이 사람의 대답은 달랐다. "그래 고맙네. 잘 사용하고 있네." 의아해서 다시 물었다. "아니 여름에 화로를 또 겨울에 부채를 어떻게 쓰고 계십니까?", "화로는 여름 장마에 젖은 물건들 말리는데 사용하고, 겨울에 부채는 불 지필 때 잘 쓰고 있다네."

맑은 아침이슬도 독사가 먹으면 독이 되고 젖소가 먹으면 우유가 된다는 말이 있다.

내가 어떻게 마음먹고 어떻게 가치를 부여하느냐에 따라 보잘 것 없어 보이던 것도 매우 요긴하고 유용한 것이 될 수 있고, 아주 값진 것도 사용법을 몰라 쓰레기 취급을 받을 수 있다.

미켈란젤로가 남 흉보기를 좋아하는 사람들의 파티에 초대 받았다. 다들 남의 단점을 들추어 내며 낄낄거렸다.

그러나 미켈란젤로는 침묵만 지키고 있자 왜 자기들에게 동조하지 않느냐고 물었다.

그림구상을 하고 있다고 말하자 다들 그림을 직접 그려 보라고 요구했다. 미켈란젤로는 화폭에 흰 물감을 칠한 후 가운데에 검은 점 하나를 찍어 놓고 그들에게 물었다. "여러분들은 지금 무엇을 보고 있습니까?" "검은 점을 보고 있습니다." "그럴 줄 알았습니다.. 저는 하얀 부분을 보고 있습니다. 마음이 삐뚤어진 사람은 항상 부정적인 것만 보게 되는 법입니다."

내집 창문이 더러우면 이웃집 빨래가 모두 지저분하게 보인다. 내 마음의 거울부터 깨끗하게 닦아야 할 것이다.

일이 잘 안된다고 푸념하고 남 탓하기 전에 내가 먼저 새로운 변화를 모색해 가야 할 것이다. 긍정적 사고를 가지고 스스로 변화를 시도한다면 쓸모없어 보이던 것도 매우 유용한 것으로 만들수 있다. 화폭의 흰 부분을 보는 적극성을 키워갔으면 한다.

큰 물고기도 물을 떠나면 개미밥이 된다

　제나라 재상 정곽군(맹상군의 아버지)은 영지인 설 땅에 성을 쌓으려고 했다. 식객(食客)들이 그것을 말렸다. 그러자 정곽군은 노하여 식객들을 들여보내지 말도록 명령했다.
　그런데 어떤 제나라 사람이 꼭 세 글자만 말하고 싶다고 하여 정곽군이 만나 보았다. 세객은 앞으로 나와 "해(海), 대(大), 어(魚)." 라고 세 마디만 하고 도망치듯 물러나려 하였다. 그러자 청곽군이 물었다. "좀 더 상세히 말하여 주지 않겠는가?" "저는 죽고 싶지 않습니다." "죽이지 않을 테니 더 말하여 보라."
　"주군께서는 대어(大魚)의 이야기를 들으신 적이 있으십니까. 아주 큰 물고기라 그물로도 잡을 수 없고 갈고리로도 끌어 당길 수 없습니다. 그렇지만 물결에 떠밀려 백사장에 올려지면 땅강아지나 개미의 밥이 되고 맙니다. 제나라는 주군에게 있어서 물과 같습니다. 제나라만 의지하고 있으면 설 땅에 성을 쌓을 필요는 없습니다.
　제나라에서 등을 돌린다면 하늘까지 닿는 성벽을 쌓은들 무슨 소용이 있겠습니까?

"과연 그렇겠소." 정곽군은 성 쌓기를 포기했다.

마오쩌둥(毛澤東)은 1920~30년대 혁명투쟁 당시 '물고기가 물을 떠나면 살 수 없듯이 공산당도 인민으로부터 멀어지면 살아남을 수 없다. 물은 인민이고 물고기는 공산당(유격대)이다.'라는 유명한 말을 남겼다.

사람의 마음을 얻지 못하면 아무리 큰 권력이나 힘도 무용지물이 될 수 있다는 뜻이기도 하다. 제2차 세계대전 후 필리핀은 미국의 영향아래 우파 정권이 들어서고 항일(抗日)무장투쟁세력이었던 후크단(후크발라하프)은 밀림의 게릴라로 공산화된다. 후크 단의 지도자는 루이스였는데 1950년 인민해방군을 조직하여 정부 전복을 획책했다.

필리핀의 경찰이나 정부군은 후크에 조금이라도 도움을 준 사람은 부역자라 하여 탄압, 박해했는데 박해가 심해질수록 후크의 영향력은 커지기만 했다.

후크는 마을사람들로부터 양식이나 기타 도움을 받으면 반드시 그 대가를 지불했다. 돈이 없으면 마을에 공동우물을 파주거나 하는 식의 노력봉사를 하고서야 마을을 떠나곤 했다. 민초들의 믿음은 대단했고 진압은 점점 힘들어져만 갔다.

이럴즈음 후크단 진압의 임무를 부여받고 국방장관으로 임명된 분이 바로 막사이사이였다. 막사이사이는 1953년까지 현대사에서 가장 성공적인 반게릴라 작전을 수행했다. 인민의 지지 없이는 후크발라하프가 살아남을 수 없다고 믿고 농민의 신뢰를 얻기 위해 노력했다.

귀순자들에게는 토지와 농기구를 마련해주고 정부군에게는 인민을 정중하게 대하도록 역설했다. 후크가 파주었던 공동우물을 부수

거나 마을사람들을 박해하는 대신 그 공동우물이 비를 맞지 않게 우물지붕을 만들어 주는 등의 정책을 폈던 것이다. 결국 막사이사이에 의해 후크는 약화되었고 마침내 투항했다.

'남에게서 대접받고 싶은대로 남을 대접하라.' 는 말이 있다. 북풍보다는 뜨거운 햇볕이 나그네의 옷을 벗기듯 무자비한 탄압이나 미움, 질책보다는 따뜻한 가슴과 진실된 사랑이 상대의 마음을 움직이게 한다.

남에게 사랑받고 또 인정받고 싶다면 먼저 상대방을 사랑하고 인정하고 배려해야 한다. 다함께 사랑의 힘을 키워 행복하고 아름다운 세상을 만들어 가야 할 것이다.

자부심이 삶을 명품으로 만든다

2차세계대전 때 연합군은 낙하산이 제대로 펴지지 않아 군인들이 전쟁 수행중 억울하게 죽는 경우가 간혹 있었다. 낙하산 고장원인을 없애기 위해 백방으로 노력했으나 불량 낙하산은 좀처럼 줄어들지 않았다. 낙하산공장 직원들이 게으르고 적당히 뒷마무리를 했기 때문이었다.

다들 고심하고 있을 때 패튼장군이 해법을 제시했다. 낙하산 만든 사람의 이름을 낙하산에 쓰고 완성도 테스트를 할 적에 만든 사람이 직접 낙하산을 타고 뛰어내리자는 것이었다.

그러자 직원들은 낙하산을 만들 때 매우 신경을 써 수십번씩 세밀하게 검증을 하기 시작했고 불량품은 없어지게 되었다.

주인된 마음으로 정성을 쏟으며 가꾸는 정원과 일당받으며 시간 때우기식으로 가꾸는 정원은 차이가 나게 마련이다. 내일이라는 자부심, 명품을 만들겠다는 프로의식을 가져야 한다.

동일한 일을 해도 마지못해 하는 경우와 자부심을 가지고 하는 경우는 삶의 방식이 달라진다.

 벽돌을 쌓고 있는 두사람에게 무엇을 하고 있느냐고 질문을 하자 한 사람은 그냥 벽돌을 쌓고 있다고 했고 또 한 사람은 아름다운 미술관을 짓고 있다고 했다. 누가 더 즐거운 인생을 살고 있을까를 생각해 보라.

 가령 대학 구내식당에서 접시닦는 일은 참 보잘것 없어 보이고 자부심을 느끼기가 어려워 보인다. 그러나 대장균들이 우글거리게끔 접시를 대충 닦는다고 생각해 보라. 미래를 책임질 젊은이, 내 자식이나 동생같은 젊은이들의 건강이 어찌 되겠는가? 그래도 접시닦는 일이 하찮게 느껴지겠는가?

 그냥 마지못해 접시 닦는다는 생각을 하는 것과 젊은이의 건강을 책임지고 나라의 미래를 닦는다고 생각하는 것, 작은 차이인 듯 하여도 일에 대한 자부심과 삶의 동력은 크게 달라지게끔 되어 있다.

 또 그냥 쇳덩이를 반복해 자르는 단순업무를 한다면 일하는 맛도 나지 않고 지루해 하며 대충 시간이나 때우려 할 것이다.

 그러나 그 쇳덩이가 어린이용 자전거의 브레이크로 사용된다고 생각해 보라. 자전거를 타고 있을 사랑스런 내 자식과 손주들의 얼굴을 떠올리며 일을 해 보라. 귀여운 어린이들의 커다란 사고를 예방해 주는 일을 하고 있다고 생각하면 자부심도 생기고 지겹던 일이 흥겨워지지 않겠는가?

 주위에 보면 대부분 자기 일에 만족못하는 사람들이 더 많은 듯 하다. 많은 경우 다른 회사나 다른 직업을 더 부러워들 한다. 그러나 삶의 가치는 갈 수 없는 다른 길이나 닥치지 않은 미래에서 찾을 것이 아니라 현재 그리고 내가 하고 있는 일에서 찾아야 한다.

 사람은 각자가 모두 소중하며 소중한 각자가 하는 일 역시 모두 아름답고 모두 나름대로 가치들을 가지고 있다.

가지지 못한 것을 너무 부러워하거나 한탄하지 말고 가진 것의 가치라도 제대로 살펴 갔으면 한다.
　행복은 자신이 좋아하는 일을 하는 것이 아니라 자신이 하고 있는 일을 좋아하는 것이다. 현재 하고 있는 일에서 최고의 명품을 만들겠다는 자부심을 가지고 당당하게 살아 갔으면 한다.

배추벌레와 배추를 나누어 먹자

강성주시인의 '쪼잔한 내 마음'은 읽을 때마다 가슴에 작은 파문을 일으킨다.

"텃 밭에 심었던
김장 배추가 잎이 듬성듬성합니다.
배추벌레가 먹는 듯하여
잡으려고 배추잎을 뒤졌지요
벌레가 너무 예뻐서 그림을 그렸습니다.

그러고 나니

문득, 벌레에게 부끄럽습니다.
배추 밭의 배추를
혼자 먹으려고 했던 마음이,,,,,,,"

추위를 녹이는 것은 상대를 배려하는 따뜻함이 아닐까 생각해 본다. 우리는 나눌 줄 아는 마음, 함께하는 생명에 대한 존귀함을 느낄 때 그 무엇보다 뭉클한 행복함을 느끼게 된다.

서양문물이 앞선 듯 하지만 정작 소중한 마음들은 우리가 훨씬 앞서 있다. 나이계산법만 보아도 그렇다. 서양 사람들은 사람의 나이를 셀 때 태어난 날부터 시작해서지만 우리는 태어나면 바로 한 살이 된다. 태아도 생명으로 여겼기 때문이다.

그 뿐만이 아니다. 옛 어른들은 뜨거운 물은 식혀서 수채 구멍에 부었다. 음식물 찌꺼기를 분해하여 개울물을 맑게 하는 실지렁이 같은 미생물들을 보호하기 위해서 였다.

부득이 뜨거운 물을 부어야만 할 때면 '어쒸, 눈감 아라.' 했다고 한다. 뜨거운 물이 들어가니 조심하라고 실지렁이 따위들에게 경고를 했던 것이다. 조상님들의 관대하고 섬세한 배려를 접하면 생명의 소중함을 다시금 깨우치게 된다.

퇴계 이황선생님의 지위를 떠난 배려와 사랑은 늘 감동을 준다. 퇴계선생의 손자며느리가 애를 낳고 젖이 모자라자 선생님의 손자는 막 아기를 낳은 이웃마을 하녀를 유모로 데려오려 했다. 그러자 선생께서 편지를 보내 말리셨다고 한다.

"하녀를 유모로 데려오자면 갓난아기를 떼어놓고 데려와야 하는데 그러면 그 아기는 돌보는 사람이 없어서 죽게 될 것이다. 어찌 내 자식 살리자고 남의 자식을 죽이 겠느냐."

그러나 하녀의 아이는 잘 자랐지만 선생의 증손자는 두돌을 넘기지 못하고 세상을 떠났다고 한다. 태어났을 적에 세상에 더 없는 경사라며 기뻐했던 증손자였지만 하녀의 아이도 똑같이 소중하게 여기셨던 것이다.

배추벌레와 김장배추를 나누려는 넉넉함, 실지렁이의 생명도 소중히 여기는 배려, 내자식 중하듯 남의 자식도 중히 여기는 따뜻함, 이러한 우리 조상님들의 지혜를 제대로만 깨우쳐 간다면 우리의 삶은 훨씬 더 여유롭고 풍요로워 질 것이다.

각박해 지는 것은 경제가 아니라 오히려 우리들 마음이 아닐까? 나만 또 돈만 보지말고 주위를 보고 정리를 키워가며 더 아름답고 더 따뜻한 세상을 만들어 갔으면 한다.

제비꽃을 보며 상선(上善)을 줍다

　우리나라에서 제비꽃은 다른 말로 오랑캐꽃이라 불리어 진다. 꽃을 뒤에서 본 모양이 오랑캐의 투구를 닮은데다 이 꽃이 필 무렵인 춘궁기로 배고픔에 허기질 때이면 오랑캐들이 쉼없이 쳐들어와 국토를 유린하였다고 하여 붙여진 이름이라고 한다.
　그러나 우리 민족에게 있어서 제비꽃은 슬픔과 수난만으로 이해되지는 않는다. 제비꽃이란 이름은 이꽃이 필무렵 언제나 제비가 돌아왔기 때문이라고 하니 제비꽃은 우리민족에게 있어서 긴 겨울이 끝나고 새로이 만물이 생동하는 봄의 전령사이기도 하였다.
　제비꽃은 10cm 내외의 작은 꽃으로 꽃말은 겸양(謙讓)이다. 너무 작아 허리를 굽혀야만 제대로 볼 수 있기에 겸양을 나타내는 듯 하다. 소나무도 곧게 뻗은 소나무보다는 등굽은 소나무가 훨씬 아름답다. 굽었다는 것은 높은 곳만 바라보지 않고 낮은 곳도 살폈다는 증표이기 때문이다. 모두 높은 곳에만 서려 하기에 자신을 낮출 줄 아는 사람이 오히려 높아 보인다.

피뢰침을 발명하고 미국 독립선언서 기초문안을 작성했던 벤저민 프랭클린은 성공은 돈에서 오는 것이 아니라 겸손과 창조적 마음에서 온다고 믿었다. 젊은 시절 그는 급하게 방문을 열고 밖으로 나가려다 머리를 부딪쳤다. 그때 누군가 충고했다. "세상을 살아갈 때 겸허하게 허리를 굽히시오. 그러면 불필요하게 부딪치거나 깨어지는 일은 없을 것이오."

세상을 밝히는 최고의 선(上善), 지고지순한 최고의 아름다움은 자신을 낮추는 것에서 시작된다. 진리와 도가 지천에 깔려 있어도 허리굽혀 줍지 않으면 얻을 수가 없는 것이다.

심리학자 하아로우가 철사인형과 솜인형 가슴속에 젖병을 넣어 아기 원숭이들에게 내밀자 원숭이들은 철사인형은 거들떠 보지도 않고 솜인형에만 몰려들었다 한다. 대부분 동물들은 딱딱한 것보다는 부드럽고 따뜻한 것을 좋아한다.

사람도 마찬가지다. 날카롭고 차가운 사람에게는 좋은 친구들이 몰리지 않는다. 따뜻하고 부드러운 사람과 함께 있고 싶어한다. 항상 외로움을 느끼는 사람은 허리를 뻣뻣하게 세우고 쇠붙이처럼 차갑게 살지나 않았는지 먼저 자신을 돌아 보아야 한다.

칠면조나 타조, 독수리에게서는 아름다운 소리를 기대할 수 없다. 카나리아나 굴뚝새, 종달새가 아름다운 소리를 낸다. 작은 새처럼 각자의 목소리를 낮추었을 때 가장 아름다운 소리가 나는 법이다. 위만 보며 오만과 독선에 빠져 있지는 않은지 돌이켜 보았으면 한다. 제비꽃을 살피는 자세로 허리를 굽히고 자신을 낮추며 겸허하게 살아들 갔으면 한다.

부드러운 물이 강철을 녹슬게 한다

 조나라에 장수 염파와 재상 인상여가 있을 적에는 최강국이었던 진나라도 감히 조나라를 함부로 하지 못했다. 조나라 혜문왕은 화씨지벽(和氏之璧)이라는 천하명옥을 가지고 있었다.

 화씨지벽은 어두운 곳에 있을수록 더욱 빛을 발해 야광지벽(夜光之璧)이라고도 하며, 겨울이면 화로보다 따뜻하고, 여름이면 서늘해서 파리와 벌레가 들어오지 못하고 부채가 필요없는 천하의 보물이었다.

 이 소문을 들은 진나라 소양왕은 화씨지벽과 성 15개를 맞바꾸자고 조나라에 제의했다.

 결국 강자의 비위를 거스를 수 없었던 조나라는 인상여를 사신으로 보내 소양왕에게 화씨지 벽을 바쳤다. 그러나 소양왕은 구슬에 감탄할 뿐 약속한 15개성에 대해서는 한 마디 말도 없었다.

 이런 일이 있으리라고 예상했던 인상여는 화씨지벽에는 흠집이 있는데 이를 가르쳐 주겠다고 화씨지벽을 건네 받은 후 궁궐 기둥

옆으로 다가가 소양왕을 노려보며 말했다. "전하께서 약속하신 15개 성을 넘겨주실 때까지 이 화씨지벽은 제가 갖고 있겠나이다. 만약 안 된다고 하시면 화씨지벽은 저의 머리와 함께 이 기둥에 부딪쳐 깨어지고 말 것입니다." 화씨지벽이 깨질까 겁이 난 소양왕을 일단 숙소로 돌려보냈고 인상여는 서둘러 본국으로 화씨지벽을 돌려보냈다.

그후 진나라 소양왕은 조나라 혜문왕과 화합을 다지는 자리를 갖자고 하여 또다시 인상여가 수행하게 되었다.

술이 한순배 돌자 진왕은 조왕에게 비파연주를 부탁하고 조왕은 울분을 참고 비파를 연주했다. 그러자 진왕은 사관에게 조왕이 진왕을 위해 비파를 연주했다는 사실을 기록해 두라고 했다. 조왕이 치욕을 당하고 있을 적에 인상여가 장구를 들고 진왕에게 나가 조왕을 위해 장구를 한번 쳐 달라고 했다.

인상여의 무례함에 진왕의 호위병들이 달려들자 인상여가 호통을 쳤다. "나는 지금 칼로 내 목을 찔러 다섯걸음 안에 대왕께 피를 뒤집어 씌울 수 있습니다." 자기 목을 찌른다고 말했지만, 수틀리면 진왕을 찌를 수도 있다고 겁을 준 것이다. 진왕은 별 수 없이 장구를 연주했고, 인상여는 즉시 사관에게 진왕이 조왕을 위해 장구를 쳤다고 기록하게 했다.

어쨌건 두번의 중요한 순간에 인상여는 목숨을 걸고 조나라의 존엄을 지켜냈고 그 공로로 염파보다 높은 상경의 자리에 오르게 되었다.

그러자 염파의 불만이 커지게 되었다. "내가 성곽을 공략하고 전투에서 세운 공로가 얼마인데, 세치혀를 몇번 놀린 인상여가 나보다 높다니 말이 되는가? 또 인상여는 비천한 출신이라 내가 그 밑에 있기가 부끄럽다."

염파는 인상여를 만나면 단단히 수모를 주리라 벼르고 있었다. 직위도 낮은 건방진 염파였지만 인상여는 염파를 피했다.

염파의 비난에 대꾸 한마디 하지 않았고, 길거리에서 마주칠 듯하면 수레를 돌리도록 했다. 인상여의 이런 행동은 손가락질 대상이 되었고, 모두들 인상여를 졸장부라 놀렸다.

어느날 한 측근이 부끄러워 잠을 잘 수가 없다고 불만을 터트렸다. 인상여는 그 말을 듣고 물었다. "자네가 보기에는 염장군과 진왕 중에서 누가 더 무서운가?"

"그걸 말씀이라고 하십니까? 당연히 진왕이 더 무섭죠."

인상여가 말했다. "그렇다. 진왕은 모든 제후들이 호랑이처럼 두려워 한다. 그러나 나는 그를 만날 적마다 두려움 없이 단호히 꾸짖었다. 내 비록 큰 힘은 없으나 염장군을 두려워 할 처지는 아니다. 그러나 생각해 보라. 그 강성한 진나라가 우리를 얕잡아 보지 못하고 또 침략하지 못하는 것은 염장군과 내가 있기 때문이다.

만약 우리 둘이 싸운다면 어찌 되겠는가? 나라의 이익을 앞세우고 개인의 사사로운 공명심은 뒤로 해야 하지 않겠는가?"

염파는 이 말을 전해듣고 부끄러운 생각이 들었다. 옛 의식대로 윗도리를 벗고 회초리를 짊어진 채 인상여를 찾아갔다. 무릎을 꿇고 "나는 식견이 없고 도량이 좁은 사람입니다.

당신의 관대함에 부끄럽기 그지 없습니다. 저를 회초리로 때려주십시요." 마침내 염파와 인상여는 화해했고 진나라는 그후 감히 조나라를 공격하지 못했다.

염파와 인상여는 '목에 칼이 들어와도' 서로를 배신하지 않기로 맹세했고, 생사를 함께 하는 친구가 되었다. 여기에서 나온 말이 유명한 '문경지교(刎頸之交)'이다. '문경지교'라는 고사성어에는 이렇게 나라의 이익을 먼저 생각하고, 나라를 걱정하는 마음이 녹아 있었던 것이다.

  족제비가 살쾡이를 만나면 이빨을 내세우고 살쾡이도 사냥개를 만나면 으르렁거린다. 모두 힘이 약하기에 허세를 부리는 것이다. 짖는 개는 물지 못한다는 말이 있다.

  겸손은 약해 보이고 오만은 강해 보이는 듯 하지만 실제로는 약한 물이 강한 쇠를 녹슬게 한다.

  작은 공명심, 부질없는 부와 권세를 자랑하기 보다는 모두를 포용하는 크고 너른 마음을 키워가야 할 것이다.

제사를 주관하는 사람이
부엌에서 요리를 할 수는 없다

월조대포(越俎代庖)란 말이 있다. 제사를 주관하는 사람이 부엌에서 요리를 한다는 뜻으로 주제넘게 자신의 직분을 넘어 남의 일을 대신함을 뜻하는 말로 장자의 소요유편(逍遙遊篇)에 나오는 이야기이다.

요(堯)나라 시절에 허유(許由)라는 매우 덕망이 높은 은자가 있었다. 요임금이 그 소문을 듣고 왕위를 물려 주고자 했다.

요임금이 말했다. "일월(日月)이 밝은데 횃불을 계속 태우면 그 빛이 헛되지 않겠습니까? 때 맞추어 비가 내리는데 여전히 물을 대고 있으니 그 물은 소용이 없지 않겠습니까? 마찬가지로 선생처럼 덕성 높은 분께서 임금이 되시면 천하가 잘 다스려질 터인데 부족한 제가 천하를 맡고 있는 것은 의미가 없지 않겠습니까? 저는 능력이 부족하니 부디 천하를 맡아 주십시오."

허유는 뱁새와 두더지를 비유로 들며 거절의 뜻를 표하였다.

"뱁새가 깊은 숲 속에 둥지를 짓는다 해도 나뭇가지 하나면 충분하고, 두더지가 커다란 강물을 마신다 해도 작은 배를 채우면 그만입니다. 누울 곳만 있으면 그만이지 저에게 천하란 아무 소용이 없습니다. 그러니 돌아가십시오.

요리사가 제사 음식을 잘못 만든다고 제사를 주관하는 사람이 부엌에서 요리를 할 수는 없는 법 아니겠습니까?"

허유는 이렇게 말하고 곧바로 깊은 산속으로 들어가 다시는 나오지 않았다.

모두가 탐내는 무소불위의 황제자리를 단박에 거절한다는 것은 쉬운 일이 아니다. 그러나 자신의 능력에 합당하지 않는 것을 넘보며 불편하게 살기 보다는 자연을 벗하며 자유로이 군자의 덕을 키워가는 것이 훨씬 더 운치있고 멋스러워 보인다.

팬션사업을 하시던 분이 시설확장에 과도한 투자를 하여 급기야 연체이자 때문에 20억은 족히 넘는 수만평의 좋은 땅까지 모두 경매로 날린 경우를 보았다. 기업들도 잘 모르는 분야까지 탐욕스럽게 문어발식 확장을 하다가 망하는 경우를 종종 보아 왔다. 나무도 열매를 욕심내어 주렁주렁 달다보면 가지가 부러지는 법이다. 모두 자신의 본분을 지키며 마음 편하게 살아가야 할 것이다.

어떤 조직이든 각자 맡은 역할과 책임이 있다. 자신의 업무도 아닌데 남의 업무에 참견하고 간섭하면 결국 조직의 시스템과 균형을 깨뜨리게 되고 심한 경우 조직의 생존을 위협할 수도 있다. 사과나무는 사과를 키우고 배나무는 배를 키울 때 가장 아름답다. 사과나무가 배를 달려하고 배나무가 사과를 달려고 욕심내면 그 본연의 아름다움도 사라지고 만다.

꽃도 반쯤 피었을 때가 더 아름답고 술도 반쯤 취했을 때가 가장 좋다고 한다.

과유불급(過猶不及), 분수를 지키며 살아들 갔으면 한다.

장인의 경쟁이 세상을 아름답게 한다

커피의 원산지인 이디오피아의 '코페'에서는 커피를 심을 때 반드시 묘종화분에 커피씨를 두개씩 심는다고 한다. 하나만 심으면 크게 자라지 않는데 두개를 심으면 서로 경쟁하며 잘 자란다는 것이다. 경쟁에서 도태된 나무는 잘라 버리고 이긴 나무에서 커피를 채취한다고 한다. 우리가 무심코 마시는 커피 한잔도 알고 보면 치열한 경쟁의 산물인 것이다.

비디오를 많이 보던 시절 비디오가게가 하나일 때는 그 주인이 매우 거만하고 불친절하더니 몇 개가 더 생기게 되자 가격도 내리고 볼라보게 친절해 진 경우를 가끔 본 적이 있었을 것이다.

경쟁의 덕분이다. 경쟁은 사회 전체의 효율성을 높일뿐 아니라 사회가 발전하려면 반드시 있어야만 하는 필수 불가결한 존재다.

그러나 경쟁에는 '장인의 경쟁'과 '장사치의 경쟁'이 있다. '장인의 경쟁'이란 예컨대 암 극복을 위한 의학자들의 경쟁이나 더 좋은 제품을 만들어 시장을 선점하려는 기업들의 경쟁처럼 '일을 중심으로 한 경쟁', 자신의 분야에서 최고가 되기 위해 상대방과 하는 선의의 경쟁이다. '장사치의 경쟁'이란 유해식품이나 가짜상품을 만들더라도 더 많은 부를 축척하기만 하면 된다는 '돈을 중심으로 한 경쟁', 더 많은 돈을 벌기 위해 수단 방법을 가리지 않는 저열하고 유해한 경쟁이다. 진정한 경쟁은 내가 최고가 되기 위해 노력하는 것이지 나의 발전없이 야비한 수단으로 상대를 흠집내서 최고가 되려는 것은 아니다. 경쟁이 다 나쁜 것은 아니며 '장인의 경쟁'은 사회 발전의 동력이고 적극 권장해야 한다고 본다.

내가 보이차를 좋아하다 보니 주위 분들께 선물을 하는 경우도 있고 가끔 중국의 제대로 된 좋은 보이차를 더 많은 사람들이 즐길 수 있었으면 좋겠다는 생각을 해 보기도 한다.

그러나 우리나라 차 산업에 종사하는 분들은 중국에서 보이차를 들여 오는 것은 우리차 산업을 죽이는 것이라 생각들 한다.

차 생산자를 위해 몸에 맞지 않는 차를 계속 마실 수는 없다고 본다. 차 생산자분들께 몸에 맞건 아니 맞건 무조건 우리차만 마시라고 애국심에 호소할 것이 아니라 보이차보다 더 좋은 발효차를 개발해 보라고 충고하고 싶다. 비용이 문제라면 차 생산자분들끼리 펀드를 조성할 수도 있을 것이고 국가차원의 지원을 요구할 수도 있을 것이다.

차(茶)시장도 경쟁의 법칙에서 예외일 수는 없다. 돈 벌이 수단으로 가짜 보이차를 가져오는 '장사치 경쟁'은 처벌받아 마땅하겠지만 최고 품질로 건강을 증진시키려는 '장인의 경쟁'은 계속 되어져야 한다. '우리차냐 아니냐'가 아니라 '소비자의 건강에 어느 것이 더 좋으냐'가 차 선택의 기준이 되어져야 한다.

민족을 위해야 한다는 방어적, 소극적 경쟁논리에서 벗어나 더 좋은 제품을 개발해 우리보다 수십, 수백배나 큰 중국시장을 공략하겠다는 적극적 경쟁 마인드를 가져야 할 것이다. 차 뿐만 아니라 모든 분야에서 경쟁은 피할 수 없는 명제다. 긍정적, 적극적 자세로 자신을 단련하며 모든 분야에서 장인의 경쟁을 하고 아름다운 승자가 되어 더 나은 세상을 만들어 가야 할 것이다.

꿀은 악조건인 겨울의 산물이다

　어떤 양봉업자가 열대지방에 갔다. 열대지방은 사시사철 여름이라 온갖 꽃이 만발하였고, 벌을 키우면 많은 꿀을 딸 수 있을 듯 하였다. 양봉업자는 시험적으로 벌통 열개를 가지고 갔다. 얼마 못되어 벌통에는 꿀이 가득하였다.
　확신을 얻은 양봉업자는 빚을 내서 벌통 만개를 사들고 다시 열대지방으로 갔다. 첫 해에는 벌통 만개에서 꿀을 두 번 따는 수입을 올렸다. 양봉업자는 쾌재를 불렀다. 그런데 다음 해부터 문제가 생기기 시작했다. 꿀을 한 번밖에 못 따는가 싶더니 그 다음해 부터는 아예 꿀이 거의 모이지 않았다. 그 양봉업자는 결국 망하고 말았다.
　그 양봉업자가 망한 이유는 이렇다. 꿀벌들이 꿀을 모으는 것은 꽃이 없는 추운 겨울을 나기 위해서이다. 그런데 처음에는 겨울 준비를 하던 꿀벌들이 열대지방에서는 꽃이 언제나 핀다는 것, 즉 겨울이 없다는 것을 본능적으로 알아버린 것이다. 꿀벌들은 더이상 꿀을 모으지 않아도 얼마든지 살 수 있다는 것을 알아버렸기 때문에 꿀을 모으지 않았던 것이다.

  문명은 자연 환경이 좋은 곳이 아니라, 자연 환경이 열악한 곳에서 꽃 피었다는 사실을 기억할 필요가 있다. 황하, 나일강, 메소포타미아, 인더스강 모두 자연 환경이 매우 열악한 곳이었다. 과일이나 사냥감이 풍부했던 것도 아니고 하천의 범람은 늘 일상생활을 위협했다. 그 곳에서 살아 남자니 머리쓰고, 노력하고, 일할 수 밖에 없었고 그 과정에서 문명의 불길이 타오르기 시작했던 것이다.

  항상 여름인 나라에서는 꿀을 얻을 수 없다. 꿀은 겨울이라는 악조건 때문에 얻을 수 있는 열매이다. 사람의 삶도 그렇다. 우리는 고통과 아픔이 없기를 바란다. 그러나 고통과 아픔이 없다면 우리 삶은 곧 시들고 만다. 남다른 고난을 극복했을 때만이 진정한 성취의 기쁨을 맛볼 수 있다.

  빛과 그림자가 둘 아닌 하나이듯 삶과 죽음이 둘 아닌 하나이듯 행복과 불행도 둘 아닌 하나인 것이다.

  사는 게 힘들다고 푸념만 할 것이 아니라 그곳이 바로 진정한 행복의 출발점이라는 것을 깨우쳐 갔으면 한다. 꿀은 악조건인 겨울의 산물이다. 오늘 비록 역경에 고통스럽더라도 내일의 희망을 향해 힘차게 전진해 갔으면 한다.

정말 소중한 것은 눈에 보이지 않는다

　입상진의(立象盡意)란 말이 있다. '형상을 세워서 뜻을 전달한다'는 의미이다.
　중국 송나라의 황제 휘종은 훌륭한 화가였고 그림을 아주 사랑했다. 그래서 자주 궁중에 화가들을 초대하여 그림 대회를 열었다. 그 때마다 황제는 직접 그림제목을 정했는데, 보통은 유명한 시의 한 구절을 따오거나 자신이 직접 제목을 내걸었다.
　한번은 화제를 '꽃을 밟고 돌아가니 말발굽에서 향기가 난다.'로 하였다. 그러니까 황제는 화가들에게 말발굽에 묻은 꽃향기를 그림으로 그려보라고 한 것이다.
　모두들 그림에 손을 못대고 쩔쩔매고 있을 때 한 젊은이가 그림을 제출하였다. 어떻게 그렸을까 의아해 하며 모두의 눈이 그 그림위로 쏠렸다.
　그 그림은 말 한 마리가 달려가는데 그 꽁무니를 나비떼가 뒤쫓아 가는 형상을 그렸다. 젊은 화가는 말을 따라가는 나비떼로 꽃향기를 표현했던 것이다. 나비 떼라는 형상으로 말발굽에 묻은 향기를 충분히 전달하였던 것이다.

어느 날 휘종황제는, '어지러운 산이 옛 절을 감추었다.'는 화제(畵題)를 내놓았다. 이번에도 화가들은 고민에 빠졌다. 어떻게 그려야 할 것인가?

얼마후 한 화가가 그림을 들고 나왔다. 그런데 그의 그림은 다른 화가의 것과 달랐다. 우선 화면 어디에도 절을 그리지 않았다. 대신 깊은 산속 작은 오솔길엔 스님 한 분이 물동이를 이고서 올라가는 모습을 그려 놓았을 뿐이었다.

황제는 흡족한 표정을 지었다. "스님이 물을 길으러 나온 것을 보니, 근처에 절이 있는 것을 알 수 있구나. 그런데 산이 너무 깊어서 절이 보이지 않는 게로구나. 그가 비록 절을 그리지 않았지만 물을 길으러 나온 스님만 보고도 가까운 곳에 절이 있다는 것을 알 수 있지 않겠느냐?"

이 화가는 절을 그리지 않으면서 절을 그리는 방법을 알았던 것이다.

구한말의 유명한 화가 허소치(許小痴)가 고종 앞에 불려 갔는데, 고종은 그를 골탕 먹이려고 남녀가 사랑을 나누는 춘화도(春畵圖)를 한 장 그려 바칠 것을 명하였다. 춘화도를 그리자니 화가로서 명예에 흠집이 갈 것이고 그렇다고 어명을 거역할 수도 없는 진퇴양난의 곤경에 처한 것이다.

얼마 후 소치가 그려 바친 것은, 깊은 산 속 외딴 집 섬돌 위에 남녀의 신발이 한 켤레 씩 놓여진 그림이었다. 환한 대낮, 닫혀진 방 안에서 청춘남녀가 무엇을 하고 있을 것인가?

정말 소중한 것은 눈에 보이지 않고, 눈에 보이는 것이 전부가 아닌 것이다.

제나라 환공이 누각 위에서 책을 읽고 있을 적에 그 아래서 수레 바퀴의 굴대를 끼우던 윤편이 임금께 물었다.

"전하! 지금 읽고 계신 것이 무엇입니까?" "옛 성인의 책이니라."

"그 분은 지금 살아 계신가요?" "죽었지." "그렇다면 전하께선 옛 사람의 껍데기를 읽고 계신 거로군요."

제환공은 화가 났다. 윤편의 수작이 방자하기 그지 없었던 것이다.

"네 이놈! 무엄하구나. 그 말이 무슨 뜻인가. 까닭이 있으면 살려 주려니와, 그렇지 않다면 살려두지 않으리라."

윤편이 대답했다. "저는 저의 일을 가지고 판단할 뿐입니다. 제가 바퀴를 끼운 것이 지금까지 수십년입니다. 그런데 굴대가 조금만 느슨해도 금새 빠져 버리고, 조금만 빡빡해도 들어 가질 않습니다. 느슨하지도 빡빡하지도 않게 하는 것은 제 마음과 손으로 느껴 깨달을 뿐이지요. 그 이치는 제 아들 녀석에게도 가르쳐 줄 수가 없고, 전하께도 알려 드릴 수가 없습니다. 옛 성인들이 하고 싶은 말이 있었다 해도, 그가 죽으면서 그 말은 다 없어지고 말았을 것입니다. 그러니 전하께서 읽으시는 것은 옛 사람의 껍데기일 밖에요."

수레 바퀴를 깎는 그 미묘한 기술을 어떻게 언어로 전달할 수 있 겠는가? 언어란 이렇게 불완전하다.

언어는 뜻을 온전하게 전달할 수 없다는, 이른바 언불진의(言不盡 意)의 생각은 고대로부터 널리 인식되어 왔다. 공자께서는 "글은 말 을 다하지 못하고, 말은 뜻을 다하지 못한다.(書不盡言,言不盡意)" 고 했다.

거문고의 대가 백아(伯牙)가 처음 거문고를 배울 때의 이야기이 다. 성련에게서 3년을 배운 백아는 연주의 대체를 터득하였으나, 정 신을 텅비게 하고 감정을 전일하게 하는 경지에 까지는 이르지 못하 였다.

성련은 "내가 더 이상은 가르칠 수 없겠구나. 내 스승 방자춘이 동 해에 계시다."하고는 그를 따라 오게 하였다. 봉래산에 이르러 백아 를 남겨두고 "내 장차 내 스승을 모셔 오마."하고는 배를 타고 떠나가 열흘이 되도록 돌아오지 않았다.

  백아는 너무도 슬퍼, 목을 빼어 사방을 둘러 보았지만 단지 파도 소리만 들려올 뿐, 숲은 어두웠고 새 소리는 구슬펐다. 그때 백아는 문득 스승의 큰 뜻을 깨달았다. 그는 하늘을 우러러 탄식하며 말하였다. "선생님께서 장차 내게 정을 옮겨 주신 게로구나."하고는 거문고를 당겨 노래를 불렀다.

  마지막, 더 이상 나아갈 수 없는 깨달음은 말로는 가르쳐 줄 수가 없다. 마음으로 깨달아 가슴으로 느껴야 한다. 성련은 마지막 단계에서 백아가 강렬한 바램을 가지고 자연의 소리에 귀 기울이게 함으로써, 말로는 도저히 전해줄 수 없었던, 마음을 전일하게 하는 최후의 심법을 전수해 주었던 것이다.

  득어망전(得魚忘筌)이란 말이 있다. 고기를 잡으면 고기를 잡던 통발은 잊는다는 말로, 뜻을 이루면 그 뜻을 이루기 위해 사용한 수단은 버리게 된다는 뜻이다.

  장자(莊子) 외물편(外物篇)에 나오는 말이다. '통발은 물고기를 잡는 도구인데, 물고기를 잡고 나면 통발은 잊어버리고 만다. 올가미는 토끼를 잡는 도구인데, 토끼를 잡고 나면 올가미는 잊어버리고 만다. 이처럼 말이란 마음속에 가진 뜻을 상대편에게 전달하는 수단이므로 뜻을 얻으면 말은 잊어버리고 만다.

  뜻을 얻고 말을 잊어버린 사람과 말하고 싶구나(筌者所以在魚 得魚而忘筌 蹄者所以在兎 得兎而忘蹄 言者所以在意 得意而忘言 吾安得夫忘言之人 而與之言哉).' 위의 글에서 망전(忘筌)이나 망제(忘蹄), 망언(忘言)은 모두 시비(是非), 선악(善惡)을 초월한 절대 경지를 말하는 것이다. 따라서 득어망전이란, 진리에 도달하면 진리에 도달하기 위해 사용한 모든 수단을 버린다는 의미이다. 불경의 하나인 '사유경(蛇喩經)'에 보면 다음과 같은 비유가 나온다.

"비구들이여, 나는 너희들에게 집착을 버리도록 하기 위해 뗏목의 비유를 들겠다. 어떤 나그네가 긴 여행 끝에 바닷가에 이르렀다. 그는 생각하기를 바다 저쪽은 평화로운 땅이니 그리 가야겠다 하고 뗏목을 만들어 무사히 바다를 건넜다.

바다를 무사히 건넌 이 나그네는 그 뗏목을 어떻게 하겠느냐? 그것이 아니었으면 바다를 건너지 못했을 것이므로 은혜를 생각해 메고 가야겠느냐? 아니면, '이 뗏목 때문에 나는 바다를 무사히 건넜다. 다른 사람들도 이것을 이용하도록 여기에 두고 나는 내 갈길을 가자' 하겠느냐. 이 나그네는 뗏목을 두고 가도 그의 할 일을 다한 것이 된다. 너희들도 이 나그네가 뗏목을 잊은 것처럼 궁극에는 교법마저 버리지 않으면 안 된다." 절대 경지에 들어서면 수단은 물론이거니와 절대 경지에 들어섰다는 것마저 잊으라는 것이다.

이와 같이 득어망전이란, 자기의 뜻한 바를 이룬 후에는 그 수단이나 과정에 대하여는 애착을 갖지 말라는 의미이며 득의망언(得意忘言), 즉 뜻이 전달되면 그 뜻을 전달하기 위해 사용된 말은 더 이상 의미가 없다는, 뜻을 얻었거든 말을 잊으라는 뜻이기도 하다.

  지이표월혜, 월부재지(指以標月兮, 月不在指)
  언이설법혜, 법부재언(言以說法兮, 法不在言)
"손가락으로써 달을 가르키되, 달이 손가락에 있지 않고 말로써 법을 설파하되, 법이 말에 있지 않다."

수단과 목적을 혼동하지 말아야 한다.

우리가 좋은 글, 좋은 말들을 주고 받지만 실제로는 글이나 말이 아니라 정을 주고 받는 것이며 우리 삶의 목표가 돈인 듯 하지만 실제로는 돈이 아니라 인류의 화목이어야 한다.

정말 소중한 것은 눈에 보이지 않고, 눈에 보이는 것이 전부는 아닌 것이다.

워런 버핏과 경주 최부자의
노블레스 오블리주 I

　'로마인 이야기'의 저자 시오노 나나미는 로마 제국이 천년동안 번영을 누린 이유로 지도층의 '노블레스 오블리주'를 꼽았다. 귀족층의 솔선수범과 희생에 힘입어 로마는 고대 세계의 맹주로 자리했고, 도덕적해이가 만연하면서 쇠락의 길로 들어선 것으로 평가하고 있다.
　포에니 전쟁 때에는 전쟁세를 신설, 재산이 많은 원로원들이 더 많은 세금 부담을 감수했다. 그들은 제일 먼저 기부를 하기 위해 경쟁적으로 수레에 돈을 싣고 국고에 갖다 바쳤고, 이를 본 평민들도 앞다퉈 세금을 내게 되었다.
　끊임없는 전쟁으로 국고가 바닥이 나자 전시국채를 발행, 유산계급과 원로원 의원 및 정부요직에 있는 사람들만 구입토록 하기도 했다. 평민들에겐 전비 부담을 요구하지 않은 것이다. 또 평민들보다 먼저 전쟁터에 나가 나라를 위해 목숨을 바쳤고, 제2차 포에니전쟁 중 최고 지도자인 콘술(집정관)의 전사자 수만 해도 13명에 달했다고 한다. 계속된 전투의 과정에서 귀족이 어느 누구보다도 많이 희생되었기 때문에, 로마 건국 이후 5백년 동안 원로원에서 귀족이 차지하는 비중은 15분의 1로 감소했다고 한다.

의회 민주주의의 창시국이면서도 여왕제와 귀족제도가 남아있는 영국에서, 아르헨티나와 싸웠던 포클랜드 전쟁당시 영국의 앤드류 왕자는 헬기 조종사로 참전했다. 그의 역할은 전함의 주위에 떠 있으면서 전함으로 날아드는 미사일을 대신 맞는 것이었다.

'노블레스 오블리주'는 반목과 질시를 넘어 사회통합과 인프라구축에 활력이 되며 언제나 모두의 마음을 아름답고 따뜻하게 해 준다. 세계 최고의 기부는 투자의 귀재로 불리는 미국의 워런 버핏의 기부일 듯 하다. 그는 자신의 전재산의 85%인 약 37조원의 돈을 5개 자선단체에 기부했다. 특히 자신이 만든 4개의 재단에는 6조정도만 내고 '빌&멜린다 게이츠재단'에 31조를 기부하기로 해 놀라움을 더했다. "큰 판돈이 걸린 내기골프에서 누가 타이거 우즈에게 돈을 걸지 않겠느냐"고 말해 빌 게이츠부부야 말로 자신의 가족보다 거액의 자선기금에 더욱 적임자임을 강조했다.

미국에는 카네기재단 록펠러재단 포드재단 등 5만6000여 공익기부재단이 활동중이라 한다. 그 중 카네기재단은 37년동안 미 전역의 2500개 도서관 건립 등에 기부금을 썼고, 근래에는 마이크로소프트의 빌 게이츠 회장이 30조원이 넘는 돈을 기부했으며, CNN 창립자 테드 터너, 인텔 공동창업자인 고든 베티무어, 헤지펀드의 대명사 격인 조지 소로스 등이 거금을 내놓기도 했다.

자본주의 모순에 깊이 팬 미국 사회가 그나마 유지되고 있는 데는 부자들의 '노블레스 오블리주' 문화가 큰 몫을 하고 있다. 미국의 수많은 두뇌집단의 활동과 눈부신 업적들은 바로 이 기부문화의 산물이기도 하다.

워런 버핏과 경주 최부자의
노블레스 오블리주 II

　부자들의 '노블레스 오블리주'를 얘기할 때면 우리나라의 경우 경주 최부잣집을 떠 올리게 된다. 먼저 두 가지 감동적인 장면을 살펴보자.
　"서기 1671년 현종 신해년 삼남에 큰 흉년이 들었을 때 경주 최부자 최국선의 집 바깥마당에 큰 솥이 내걸렸다. 주인의 명으로 그 집의 곳간이 헐린 것이다. '모든 사람들이 굶어죽을 형편인데 나 혼자 재물을 가지고 있어 무엇하겠느냐. 모든 굶는 이들에게 죽을 끓여 먹이도록 하라. 그리고 헐벗은 이에게는 옷을 지어 입혀주도록 하라.' 큰 솥에선 매일같이 죽을 끓였고, 인근은 물론 멀리서도 굶어죽을 지경이 된 어려운 이들이 소문을 듣고 서로를 부축하며 최부잣집을 찾아 몰려 들었다. …흉년이 들면 한해 수천, 수만이 죽어나가는 참화 속에서도 경주 인근에선 주린 자를 먹여살리는 한 부잣집을 찾아가면 살길이 있었다. …그해 이후 이 집에는 가훈 한 가지가 덧붙여 진다. '사방 백리 안에 굶어죽는 사람이 없게 하라.'…"

흉년은 없는 자에게는 죽음과 절망이었지만, 가진 자에게는 부를 엄청나게 증식할 수 있는 절호의 기회이다. 그러나 최부잣집은 그런 부자들과는 정반대의 길을 갔다. 오히려 흉년때 곡식 창고를 개방했다.

"최국선은 아들에게 서궤 서랍에 있는 담보서약 문서를 모두 가지고 오게 한다. '돈을 갚을 사람이면 이러한 담보가 없더라도 갚을 것이요, 못 갚을 사람이면 이러한 담보가 있어도 여전히 못 갚을 것이다. 이런 담보로 얼마나 많은 사람들이 고통을 당하겠느냐. 땅이나 집문서들은 모두 주인에게 돌려주고 나머지는 모두 불태우거라'…"

최부잣집은 흉년 때 경상북도 인구의 약 1할에 이르는 사람들에게 구휼을 베풀었다고 추산한다. 보통 춘궁기나 보릿고개때인 3,4월에는 한 달에 약 100석의 쌀을 나눠줬으므로 1만명정도가 쌀을 얻어갔다고 가정한다. 어떤 때는 약 800석이 들어가는 큰 창고가 거의 바닥이 나다시피 했다고 한다.

조선조 중엽 진취적인 기상으로 농업을 일궈 만석꾼의 지위을 이룩한 뒤 10여대 300년 동안 이 부를 현명하게 지켜내고 선하게 활용해 역사에 이름을 남긴 최부잣집은 다른 나라의 거대부호 가문처럼 부의 규모가 크지도 않고 다른 명예와 권세를 추구해 성공하지도 않았지만 높이 평가받을 자격을 충분히 갖추고 있다.

"최부잣집은 경주 최씨 사성공파의 한 갈래인 가암파에 속한다. 가암파의 시조인 최진립은 임진왜란 때 의병으로 왜적과 싸우고 나중에 무과에 급제한 뒤 정유재란 때 다시 참전했다. 그의 셋째아들 최동량이 집안을 경제적으로 일으킨다. 그 방식은 형산강 상류의 개울이 합쳐지는 개울가에 둑을 쌓아 대대적으로 조성한 농토에 소작인과 소출을 반반씩 나누는 병작제를 적용하는 것이었다. 소작인들이 선호하는 선진적인 이병작제의 적용으로 마을 사람들이나 노비

들은 적극적으로 최씨네 땅 개간에 협력했다. 농토가 엄청나게 늘어나게 된다. 나아가 집안 사람들은 스스로 농사일에 앞장서는가 하면 사람의 똥이나 오줌을 이용한 비료법도 적극적으로 활용해 소출을 높였다. 이와 함께 이앙법을 도입해 적은 인원으로 넓은 논을 경작하는 것도 가능하게 했다. 그 결과 3대인 최국선에 이르면 가문은 경상도에서 손꼽히는 대지주 가문으로 성장한다.

집안은 대대로 근검절약을 근본으로 삼되 가난한 이와 손님들을 후대했으며, 지나치게 재산을 늘리지 않았다. 가훈에 따른 선행으로 가문은 동학혁명이나 다른 민란 때도 화를 당하지 않을 수 있었다. 일제에 나라를 배앗긴 뒤 최진립의 11대손인 최준은 독립운동단체에 참가하는 한편 상해임시정부에 독립군 자금을 지속적으로 보냈다. 이런 과정에서 일본 헌병에게 끌려가 모진 고문을 당하기도 했다.

해방 뒤 최준은 대학을 설립해 국가를 이끌고 갈 인재를 양성한다는 인생의 목표를 위해 전재산을 털어 대구대학과 계림대학을 세운다(두 대학이 합해져 영남대학이 된다). 경주 최부잣집 300년의 부는 이렇게 해서 사실상 모두 교육사업으로 승화돼 돌아간다."

경주 최부잣집은 그 역사적 전통만큼이나 가훈으로도 유명하다.
6개조로 이뤄진 가훈은 매우 감동적이다.

1. 과거를 보되, 진사 이상은 하지 마라.

임진왜란, 정유재란, 병자호란의 외침 때마다 조국을 구하기 위해 참전한 최진립은 병자호란 때 억울하게 귀양을 간 적이 있다. 이때의 뼈저린 경험을 바탕으로 이렇게 당부했다. "사람이 왕후장상의 아들로 태어나지 않은 이상 권세와 부귀를 모두 가질 수는 없다. 권세의 자리에 있음은 칼날 위에 서있는 것과 같아 언제 자신의 칼에 베일지 모르니 과거를 보되 진사 이상의 벼슬은 하지 마라."
　2. 재산은 1만석 이상을 지니지 마라.
　최부잣집은 1년 소작료 수입은 1만석을 넘기지 않았으며, 그 이상은 소작료 할인 방식으로 사회에 환원했다. 다른 부잣집들이 소작료를 수확량의 70%정도 받았다면 최부자는 40%에서 멈췄던 것이다. 사촌이 논을 사면 배 아파 하는 게 우리네 인심이었지만 최부자가 논을 사면 박수를 쳤다고 한다.

　3. 과객을 후하게 대접하라.
　1년에 약 1,000석의 쌀을 과객들의 식사대접에 사용했다고 한다. 뿐만 아니라 과객들이 묵고 가는 사랑채에는 별도의 뒤주를 둬 누구든지 쌀을 가져가 다음 목적지까지 노자로 사용할 수 있도록 배려했다. 이렇게 함으로써 최부잣집의 인심은 널리 알려졌으며, 민란 등 사회적 혼란기에도 폭도들이 털끝 하나 건드리지 않았다고 한다.

　4. 흉년기에는 땅을 사지 마라.
　조선시대에는 흉년이 들면 수천명씩 굶어 죽었다. 가난한 사람들은 당장 굶어죽지 않기 위해 갖고 있는 논과 밭을 그야말로 헐값으로 내다 팔 수 밖에 없었다. 하지만 최부잣집은 이런 논과 밭을 결코 사들이지 않았다. 부의 획득에서 남의 불행을 악용하지 않았던 것이다. 이웃과 함께 하지 않는 부는 오래 가지 않고 무너진다는 믿음을 가졌기에 가능한 일이었다.

　5. 며느리들은 사집온 뒤 3년 동안 무명옷을 입어라.
　집안 살림을 담당하는 여자들이 보릿고개 때는 쌀밥을 먹지 못하게 했고, 은수저도 사용하지 않았으며, 시집 온 후 3년간은 무명옷만 입도록 했다. 근검절약을 실천적으로 가르쳤던 것이다.

6\. 사방 100리 안에 굶어죽는 사람이 없게 하라.

주변 사람이 굶어죽는데 나 혼자 만석꾼으로 잘 먹고 잘 사는 것은 부자 양반의 도리가 아니라고 생각해 경주를 중심으로 사방 100리 안에 굶어죽는 사람이 없도록 쌀을 무료로 나누어 주었다. 누대에 걸친 이러한 선행 덕에 최부잣집은 숱한 변란의 세월 무너지지 않을 수 있었으며 실제로 11대조 최현식 때에 가문은 활빈당의 무장공격을 받았지만 무사할 수 있었다.

존경받는 부를 찾아보기 어려운 요즘 경주 최부잣집은 '제대로 된 부자의 길'을 비춰주는 희망의 빛으로 우리 곁에 돌아와 있다.

워런 버핏과 경주 최부자의
노블레스 오블리주 Ⅲ

여담으로 마지막 최부자 최준과 중국의 대표적 병법인 '36계' 와의 일화를 첨언한다.

'36계'의 11번째에는 이대도강(李代桃僵)이란 전략이 나온다. 이대도강은 '복숭아나무 대신 자두나무가 쓰러진다.'는 뜻으로 농약이 발전하기 전에 복숭아나무가 병충해로 쓰러지는 것을 막기 위해 복숭아나무 주위에 자두나무를 심어 병충이 자두나무에 옮겨 가도록 했다는 생활의 지혜에서 따 온 것이다. 작은 것을 희생시켜 큰 이로움을 취해야 한다는 것을 강조하는 전략이다.

'27계'에는 가치부전(假痴不癲)전략이 있다. 바보처럼 보여 난관을 극복하라는 뜻이다. 가치부전을 가장 잘 활용한 사람은 위나라의 사마의였다. 조조와 조비(조조의 아들)가 죽은 뒤 사마의는 고향에 내려가 기회를 엿보고 있을 때 당시 실권을 잡은 조상이 사마의의 동태를 파악하기 위해 사람을 보냈다. 사마의는 중환자 행색을 하며 세상 일에 관심이 없는 늙은이처럼 행동했고, 사마의가 전혀 재기할 수 없는 무기력한 인물이라는 보고를 받은 조상은 마음을 놓았다. 마침내 사마의는 조상이 황제와 함께 사냥 나간 틈에 쿠테타를 일으켜 병권을 장악했다.

최 부잣집의 마지막 부자 최준은 조선총독부의 친일(親日) 권유를 비켜가기 위해 이대도강과 가치부전 전략을 활용했다고 한다.

최준과 서로 마음속 깊이 우정을 나누고 있던 일본인 아리가가 어느날 최준의 집을 방문했다. 총독부에서 차기의 학무국장으로 최준을 적임자로 생각하고 추천하고자 한 것이었다. 그는 철저하게 어리석고 둔한 듯 행동했다. 최준은 협상을 할 때 결코 먼저 결론을 짓지 않고 지루할 정도로 기다렸다.

아리가는 마침내 최준의 끈기에 손을 들고 말았다. 일본의 지배가 굳어져 가는 마당이라 일본에 붙어서 벼슬을 하고 싶어 하는 조선인은 많지만 굴러 들어온 벼슬을 냉정하게 거절할 수 있는 사람은 흔치 않음을 아리가는 잘 알고 있었기에 한편으로는 섭섭했지만 또 한편으로는 존경하는 마음이 다시 일었던 것이다.

그러나 1년 후 아리가가 다시 찾아왔다. "내년부터 시작되는 제6대 중추원에 최 선생을 참의로 모시고자 합니다." 최준은 가늘게 한숨을 내쉬며 입을 열지 못했다. 최준이 동생 최윤과 머리를 짜낸 결론은 문중 회의를 열어보자는 것이었다. "아무래도 형님은 그 일을 맡을 수 없고, 그렇다고 총독부의 제안을 거듭 거절할 수도 없으니, 형님 대신 제가 하도록 하겠습니다.

온 국민이 다 욕한다 해도 감내하겠습니다. 형님, 혹시 '이대도강(李代桃?)'이란 말을 아시는지요? 복숭아나무 대신 자두나무가 쓰러진다는 뜻입니다. 옛날 중국에서는 복숭아나무에 병충해가 심해서 그 옆에 자두나무를 자라게 하여 대신 쓰러지게 해서 복숭아나무를 보호했다고 합니다." 그래서 동생최윤이 중추원 89명의 한 사람으로 임명되었고 최윤은 형을 대신해 해방 후 반민특위에 끌려가는 수모를 당했다.

　로마귀족 또 워런 버핏과 경주 최부자의 '노블레스 오블리주'가 탁해진 세상을 맑고 아름답게 밝혀가는 등불이 되었으면 한다. 남에게 무언가 받으려고만 하지 말고 돈이 없으면 환한 미소나 따뜻한 한마디 말이라도 주려는 자세로 살아들 갔으면 한다.

계란을 보고 닭을 찾는다

 견란구계(見卵求鷄)란 말이 있다. 견탄구자(見彈求炙), 견탄구효(見彈求鴞)라고도 하며 계란을 보고 닭을 찾는다는 뜻으로 경솔한 판단을 하거나 너무 급하게 서두르는 것을 뜻하는 말이다.
 장자의 제물론편에 보면 구작자가 스승인 장오자에게 공자의 도(道)에 대해 아는 척을 하자 장오자가 깨우침을 준다. "자네는 지나치게 급히 서두르는 듯하다. 달걀을 보고 닭울음소리로 새벽을 알리기를 바라거나 탄알을 보고 새구이를 먹기 바라는 것과 같다.[見卵而求時夜見彈以求鴞炙]"
 계란을 보고서 수탉이 홰치는 소리를 들으려 하니 병아리도 까지 않고, 수탉일지 암탉일지도 모르면서 어찌 그럴 수 있으며 또 탄알을 보고서 새고기를 먹으려 하니 아직 탄알을 쏘지도 않았고, 맞힐 수 있는지 없는지도 모르면서 어찌 그럴 수 있겠느냐는 말이다. 속담으로 풀어 보자면 '우물가에서 숭늉찾는 격'이며 '콩밭에서 두부 찾는 격'이다.

고속성장 탓인지는 몰라도 우리는 빠른 속도와 일등주의의 삶을 부러워하고 추구해 왔다. 이것이 과연 우리를 행복하게 해 주고 있는가?

1964년 도쿄올림픽을 앞두고 신간선 고속철이 개통됐을 때, 다섯 시간 이상 걸리던 도쿄 오사까 구간이 세 시간으로 단축되자 출장을 가면 저녁에는 생맥주 한 잔 마실 수 있는 여유가 생길 것이라는 기대가 커었다고 한다. 그러나 막상 고속철이 개통되자 회사에서는 당일로 일처리 할 것을 요구하였고 오히려 출장시간이 단축되어 월급쟁이들은 더욱 고달프게 되었다고 한다.

휴대폰이 생기면 일을 빠르고 간단하게 처리할 수 있어 쉴 수 있는 여유가 있을 듯 하였지만 오히려 일의 총량은 더 많아졌고 상시 통제를 받게 되어 재충전을 위한 마음 편한 휴식은 더욱 힘들어지게 되었다.

현대 유럽인들 사이에서는 치열한 생존 경쟁을 자진해 이탈하려는 경향이 높아지고 있다고 한다. 금전 수입과 사회적 지위에 연연하지 않고 느긋하게 삶을 즐기고 싶어하는 사람들이 늘어나고 있어 하나의 추세로 자리를 잡을 것으로 전망되고 있다.

이들이 소망하는 바는 삶의 속도를 늦추려는 것으로 요약된다. 그래서 다운시프트족(族)이라는 신조어도 생겨났다. 다운시프트(downshift)의 사전적 정의는 저속 기어로 바꾼다는 뜻이지만 속도를 우선하는 삶에 브레이크를 밟는다는 의미도 내포한다.

다운시프트족은 원하는 형태의 삶을 위해 고소득을 기꺼이 포기하는 것이 뚜렷한 공통점이다. 6자리수의 봉급을 받던 런던의 증권사 직원이 마술사가 된 것이나 CNN 기자인 아내를 대신해 아이들을 키우겠다며 모두가 선망하는 직장인 미국 국무부 대변인 자리를 떠난 제임스 루빈 같은 사람은 두고 두고 화젯거리가 되었다.

그동안 우리는 주린 배를 채우기 위해 빠른 속도전을 앞세울 수밖에 없었다. 그리고 눈부신 성장과 화려한 '한강의 기적'을 이룩하였다. 그러나 빛이 강하면 그늘이 짙듯 돈 때문에 인간성도 파괴되어졌고 방글라데시보다 못한 행복지수에 세계최고의 자살공화국이란 오명도 쓰게 되었다.

세계 10위권대의 부국이 된 지금은 주위를 돌아보며 함께 할 수 있는 마음을 키워갔으면 한다. 계란으로 기형닭이라도 빨리 만들어 내려는 쫓기는 결과주의적 삶이 아니라 좋은 닭을 만들어 내려는 긴 인내의 노고도 평가해 줄 수 있는 과정존중적 삶을 다듬어 갔으면 한다.

빠른 속도와 일등주의의 삶 못지 않게 가족, 이웃들과 웃음을 나누는 인간적으로 가치있는 것들도 중요하다는 것을 이제는 깨우쳐 갔으면 한다.

쓸모 없는 것이 도리어 크게 쓰인다

　석(石)이라는 목수가 제(齊)나라로 가는 길에 상수리나무를 보게 되었다. 그 크기는 수천 마리의 소를 가릴 정도이고, 굵기는 백 아름, 높이는 산을 내려다 볼 정도였다. 가지 하나만 있어도 배를 만들 수 있을 정도였다. 많은 구경꾼들이 모여 있었지만 석은 거들떠보지도 않은 채 지나쳐 버렸다.
　석의 제자가 그 나무를 지켜보다가 스승에게 훌륭한 목재를 그냥 지나쳐 버린 이유를 묻자, 석은 이렇게 대답을 하였다.
　"그건 쓸모 없는 나무이다. 배를 만들면 가라앉고, 널을 짜면 곧 썩게 되고, 물건을 만들면 곧 망가지고, 기둥을 만들면 좀이 슬게 된다. 이렇게 쓸모가 없었기에 그만큼 크게 자랄 수 있었던 것이다(以爲舟則沈, 以爲棺槨則速腐, 以爲器則速毀, 以爲門戶則液瞞, 以爲柱則蠹. 是不材之木也. 無所可用, 故能若是之壽)."
　무용지용(無用之用)이라는 말이 있다. 쓸모가 없는 것이 도리어 크게 쓰여짐을 뜻하는 말이다.

장자는 '외물편(外物篇)'에서 오히려 무용을 앎으로써 비로소 유용을 함께 논할 수 있다 하였다. 예컨대 사람이 광대한 길을 걸을 때 걷는 부분은 지면의 일부이다. 지면에서 발로 밟을 자리(유용)만을 남기고 그 밖의 부분(무용)을 모두 한없이 깊게 파내 버렸다고 치면, 과연 사람은 보행을 할 수 있을 것인가. 이와 같은 예를 보아도 무용의 용을 알 수 있다고 하였다.

하나의 구슬은 玉匠(옥장)의 갖은 정성과 노력이 빚어낸 결과다. 먼저 거대한 原石을 정으로 쪼고 깨어 璞玉(박옥)으로 만든 다음 다시 이것을 갈고 닦아 빛을 내야 한다. 이 때 필요한 것이 숫돌이다. 숫돌은 그저 평범한 돌에 불과하다. 구슬로 구슬을 갈 수는 없지 않은가.

이 말은 깊은 뜻을 담고 있다. 만약 값어치가 나가는 돌이라면 오히려 구슬을 가는 데 이용할 수가 없다. 다시 말해 그것을 이용할 수 있는 것은 보잘것없는 돌이기 때문이다. 老子(노자) 莊子(장자)가 말한 無用之用(무용지용 쓰임이 없기 때문에 유용함)인 셈이다.

비록 模範(모범)이 되지 않는 남의 言行(언행)도 그것을 거울로 삼아 나의 지식과 인격을 갈고 닦는데 큰 도움을 받을 수 있는 것이다.

산의 나무를 베는 것은 쓸 곳이 있어서이고, 기름이 말라 없어지는 것은 불이 타기 때문이다. 육계는 먹을 수 있기 때문에 잘리고, 옻은 칠할 수 있기 때문에 찢기게 된다. 쓸데있기를 찾는 사람은 땅에 가득한데, 무용지용을 깨달은 사람은 왜 이다지도 적은가. [山木自寇 膏火自煎 桂可食故伐之 漆可用故割之 人皆知有用之用 而不知無用之用也(산목자구 고화자전 계가식고벌지 칠가용고할지 인개지유용지용 이부지무용지용야)]"

산의 나무는 도끼자루를 만드는데 쓰인다. 그 도끼는 결국 나무

자신을 베게 된다. 도끼자루라는 쓰임새 때문에 자신을 베게 된 것이다. 향초는 향기라는 쓰임새 때문에 자신을 태우게 되고 기름은 불을 밝히는 쓰임새로 인해 자신을 녹이게 된다. 계수나무는 먹을 수 있는 쓰임새, 옻은 칠을 하는데 유용하기 때문에 베이고 잘려 나간다. 반대로 쓸모없는 것들은 쓸모없다는 이유 때문에 잘려나가거나 베어지는 법이 없다. 그러니 이들의 쓸모없는 쓰임이야 말로(無用之用) 쓸모있는 쓰임을 능가하는 더 큰 쓰임이 아닌가.

꿩 사냥꾼은 있어도 뱁새사냥꾼은 없다. 꿩은 산새치고 살이 많은 것이 탈이고 뱁새는 산새치고 살이 없어서 덕이 된다. 꿩이 몸집이 큰 것을 자랑하고 뱁새의 작은 몸을 흉보는 것은 큰 몸집 탓으로 사냥감이 되고 있음을 모르는 까닭이다. 꿩은 몸집 탓으로 항상 총알을 기다리고 있는 셈이다. 그러나 꿩은 한사코 제 몸매를 자랑하려고 한다.

어디 꿩만 그러한가. 꿩같은 사람은 더더욱 많다. 그래서 제 자랑에 겨워서 노닐다가 제 꾀에 제가 빠져 험한 꼴을 당하는 사람들이 심심찮게 입질에 오르내리게 된다.

도둑을 잘 지키는 개는 잘 물고 잘 짖는 탓으로 도둑의 칼에 맞아 죽게 되고, 잘 달린다는 천마는 잘 달리는 것이 탈이 되어 장군을 태우고 전쟁터를 질주하다가 적군의 화살에 맞아 죽는다. 이러한 것은 모두 제 잘났다는 것이 미끼가 되어 해를 보는 셈이다. 그러니 자랑거리를 탐할 것도 더하고 덜할 것도 없는 셈이다.

무용지용(無用之用), 쓸모없음이 오히려 크게 쓰여지는 법이다. 남을 부러워 할 것도 자신의 처지를 비관할 것도 없다. 마음편하게 또 안분지족(安分知足)하며 여유롭게 살면 그것이 바로 행복 아니겠는가?

| 4부 |
겨울, 극기
(克己)

국도의 갓길을 키워 가야 한다

　예전에 지방에서 대학을 운영하시는 분과 대화를 나누던 중 그 분께서 선진국과 후진국의 차이를 아느냐고 물었다. 갑작스런 질문이라 이사장님 고견을 듣고 싶다고 하자 본인은 '자동차와 사람의 선후'로 구분한다고 했다.
　횡단보도에서 사람이 차를 의식하지 않고 자유롭게 걸어 다닐 수 있으면 선진국, 사람을 보고 차가 멈추는 것이 아니라 차를 보고 사람이 멈추어야 하면 즉, 차가 사람을 피하는 것이 아니라 사람이 차를 피해 다녀야 하면 후진국이라 생각한다고 했다. 국민들의 '사람중시 철학'이 습관화되어 있어야 가히 선진국 소리를 들을 법도 하다.
　우리의 경우 시골에 가면 아직도 국도와 지방도의 경우 갓길이 거의 없어 농민들이 도로를 다니다가 교통사고로 숨지는 경우가 가끔 있다. 경제개발과 고속성장 신화만 쫓다보니 사람보다는 자동차가 우선이었고, 인간적 정리(情理)보다는 돈이 먼저였다. 사람을 배려하는 갓길의 여유, 갓길의 따뜻함 같은 것은 신경쓸 겨를이 없었던 것이다.

그러나 이제는 국도의 갓길도 좀 키워갔으면 싶다. 자동차보다는 사람을 중히 여기는 마음, 돈보다는 의(義)로움을 앞세울 수 있는 용기를 함께 키워갔으면 한다. 넓어지는 갓길만큼 우리의 삶도 여유롭고 향기로와 졌으면 좋겠다.

아주 긴 수저를 사용하는 두 식당이 있었다. 한 식당은 아수라장인데 한 식당은 아주 평화로웠다. 아수라장인 식당에서는 서로 자기 입에만 음식을 넣으려고 난리인 반면 평화로운 식당에서는 식탁 건너편 사람에게 음식을 넣어 주고 있었다. 상대를 존중하고 배려할 수 있는 마음만 가진다면 세상은 훨씬 평화롭고 아름다워 질 것이다.

그런 마음으로 모든 만남들을 소중하게 키워갔으면 한다. 세월이 갈 수록 외롭고 각박해 지는 삶이 아니라 따뜻한 마음을 나눌 수 있는, 누구의 눈치도 보지않고 잘남도 못남도 없이 그저 편하게 쉬어 갈 수 있는 풍요로운 모임들이 많아 졌으면 한다.

진정한 선진국이 되자면 돈 보다는 맑은 삶, 비열한 승리보다는 당당한 실패를 더 존중해 줄 수 있는 의로운 마음들이 넘쳐나야 할 것이다. 돈이 아닌 사람이 희망인 세상을 만들어 갔으면 한다.

다리를 건너고 나면 그 다리를 부순다

어려울 때 돕는 친구가 진짜 친구라고들 한다. 그러나 실제 살다 보면 어려움은 같이하기 쉬우나 즐거움을 같이 하기는 어려운 듯 하다. 과하탁교(過河坼橋)라는 말이 있다. 다리를 건너고 나서는 그 다리를 부수 듯 힘든 일을 치루고 나서는 도움 준 사람들을 버린다는 뜻으로 극도의 이기심이나 배은망덕함을 일컫는 말이다.

명나라의 태조 주원장은 자신의 손자를 위해 수없이 많은 개국공신들을 잔혹하게 제거했다. 태손이 울며 공신들을 살려 달라고 애원하자 태손에게 가시나무를 주며 잡아보라고 했다. 가시때문에 잡기를 망설이자 "가시가 있으면 손을 다친다. 나는 가시들을 없앤 후 네게 보위를 물려 줄 것이다."라고 했다고 한다.

과하탁교(過河坼橋)나 토사구팽(兎死狗烹)의 대표는 한 고조 유방일 듯 하다. 유방은 죽을 고비를 수없이 넘기며 마침내 항우를 제압하고 중국대륙을 통일한다. 그리고 왕조가 안정권에 접어들자 천하의 명장인 초왕 한신, 양왕 팽월, 회남왕 경포 등 생사고락을 함께했던 핵심 공신들을 대부분 숙청했다. 나라를 세운뒤 유방의 밑에서 활약한 사람들 중 무사했던 사람은 장량과 소하 밖에 없었다. 장량은 통일의 위업을 닦아 놓은 뒤 권력을 떠나 은거했고 소하 역시 모든 것을 버리고 낙향했다.

혁명에는 1인자만이 남는다고 한다. 동서고금을 막론하고 어려움은 함께해도 즐거움은 함께 할 수가 없는 듯 하다. 무슨 일을 할 때는 의기투합하다가 일이 잘 되고 나면 서로 다투어 이득을 독차지 하려는 경우들을 흔히 볼 수 있다. 함께했던 소중한 시간들이 지우고 싶은 악몽이 되고, 깊이 간직해야 할 정리가 원한으로 바뀌는 것이다.

법구경에 보면 "불가원이원(不可怨以怨), 종이득휴식(終以得休息), 행인득식원(行忍得息怨)이란 말이 있다. '원망으로써 원망을 갚으면, 끝내 원망은 없어지지 않는다. 오직 참음으로써만 원망은 사라진다.'는 뜻이다.

향나무는 우리에게 세상을 사는 참 좋은 지혜를 가르쳐 준다. 향나무는 가만히 있으면 향이 나지 않는다. 껍질이 벗겨지고 도끼에 자신이 찍히고 톱에 베일 때 그 쓰라린 상처에서 비로소 향기를 품어내기 시작한다. 원수인 도끼나 톱에 오히려 자신의 향기를 선물하며 용서와 화해가 이루어 지는 것이다.

진짜 향나무와 가짜 향나무의 차이는 도끼에 찍히는 순간 나타난다. 진짜 향나무는 찍힐 수록 향기를 내뿜지만 가짜는 찍힐 수록 도끼날만 상하게 한다. 겉모습은 같아 보이지만 찍히면서 비로소 진위가 판가름 나는 것이다. 사람도 마찬가지다.

평소에는 다 좋아 보이지만 역경에 처하거나 배신을 당하게 되면 진짜와 가짜가 구분되게 된다. 원망을 원망으로 갚지 않고 원수에게 향기를 묻힐 수 있다는 것은 얼마나 위대하고 아름다운 일인가?

나무는 떨어지는 자신의 잎이나 부서져나가는 가지에 대해 아무런 염려를 하지 않는다. 떨어지지 못하도록 기를 쓰거나 떨어지는 것을 잡으려고 안달하지도 않는다. 떨어져 나가는 재물, 사악한 사람들 때문에 염려하고 절망 한다는 것은 나무만도 못한 것 아닌가 생각된다.

 끝내 배신할 사람이라면 오히려 일찍 헤어진 것이 복이라 여겼으면 한다. 맺지못할 인연에 애써 힘들어 하거나 원망을 원망으로 갚으려 하지 않았으면 한다. 잠시 머물다 가는 인생 좀 더 뜻있게 살았으면 한다. 어려울 때만 이용하는 구걸하는 삶이 아니라 즐거움도 함께 할 수 있는 베풀고 나누는 삶을 살다가 갔으면 한다.

집단자살하는 레밍은 되지 말자

　스칸디나반도 북부 툰두라 지역에 서식하는 일명 나그네 쥐인 '레밍'은 집단자살하는 것으로 유명하다. 그 이유는 대략 두가지로 나누어 진다.
　하나는 레밍은 천적이 없어서 3,4년정도만 되면 개체수가 폭발적으로 늘어나 먹을 것이 없게 되고 그러면 늙은 쥐들이 스스로 '집단자살'을 행함으로써 나머지 젊은 무리가 배곯지 않고 살 수 있는 터전을 마련해 준다는 것이다.
　그러나 유력한 해석은 레밍의 맹목적인 집단행동을 그 이유로 꼽는다. 먹이를 찾아서 또는 갑작스레 늘어난 집단밀도에 스트레스를 받아서 선두쥐가 뛰기 시작하면 다른 쥐들도 맹목적으로 따라 뛰기 시작한다. 앞의 쥐는 뒤의 쥐들에게 떠밀려 걸음을 멈출 수도 대열을 빠져 나올 수도 없게 되고 선두쥐가 마침내 바닷가 낭떠러지로 떨어지게 되면 나머지 쥐들도 다 낭떠러지로 떨어져 죽게 된다는 것이다. 맹목적으로 남을 따라하는 행동을 '레밍효과'라 부르기도 한다.

사람들도 레밍 근성을 보이는 경우가 많다. 마녀사냥은 1420년부터 1670년까지 거의 전 유럽에 걸쳐 이루어졌다. 기근, 굶주림, 페스트 등이 퍼지자 주님은 뭣하고 있느냐며 교회의 권위가 의심받기 시작하자 만병통치약인 '공포분위기 조성'이 시작된 것이다.

장장 250년간 마녀라고 낙인만 찍히면 변명의 여지없이 맹목적인 잔악한 화형과 수장이 있었다. 그러나 그 엄청난 희생의 이면에는 무엇이 있었는가? 경제적 요인도 있었겠지만 결국 속내는 흔들리는 기득권 세력의 유지, 강화에 다름 아니었던 것이다.

매카시는 1950년 2월 "미 국무성 안에는 205명의 공산주의자가 있다"는 폭탄선언을 하였다. 그의 충격적인 발언은 AP통신을 통해 전국에 알려졌고, 미국 지식인 사회를 퇴보하도록 만든 폭풍이 시작되었다. 결국 매카시즘에 의한 사상검증이라는 명목으로 약 1만명 정도의 미국인들이 직장을 잃었다.

그리고 사회적으로는 뉴딜 개혁조치가 좌초되었고, 자유로운 학문, 표현, 정치활동을 불가능하게 만들었다. 급기야는 명분없이 부패한 월남 정권을 돕기 위해 월남전의 수렁속으로 빨려 들어가고 말았고, 미국 사회는 파국직전의 균열양상을 보였다.

그러나 매카시는 단 한 명의 공산당원도 색출하지 못했고, 정치인으로서의 반짝인기도 끝나면서 그는 1954년 연방 상원의원에서 징계를 받았고, 1957년 5월 2일 과도한 음주로 인한 간 기능 장애로 쓸쓸히 사망했다. 마녀사냥이건 메카시즘이건 모두 기득권 세력의 음모에 대중들이 레밍처럼 무비판적으로 반응하며 스스로 엄청난 화를 자초하였던 것이다.

1986년 10월 말 "북한이 서울을 삽시간에 쓸어버릴 수 있는 엄청난 규모의 '금강산 댐'을 건설한다"는 발표와 금강산 댐이 붕괴될 경우 63빌딩의 1/3정도가 물에 잠기는 모형 등 핵무기보다 위력적인 수공(水攻) 시나리오가 텔레비전 화면을 도배 했을때 국민들은 공포에 떨었다.

정부는 대응댐인 '평화의 댐' 건설 계획을 내놓았고, 국민은 열화와 같은 성원을 보냈다. 코흘리개 유치원생부터 칠팔십 노인까지 앞다퉈 성금을 낸 결과 순식간에 당시에는 엄청난 거금이었던 773억원의 성금이 걷혔다.

그러나 93년 문민정부 탄생후 진행된 특별감사에서 감사원은 당시 정권이 시국안정과 국면전환을 위한 분위기 조성을 위해 북한의 수공위협을 부풀려 평화의 댐을 만든 것이라고 발표했다. 모두 다 지금 보면 실소를 금치 못할 이야기이지만 당시로서는 매우 심각한 공포였고, 많은 국민들이 이 문제의 진실성에 대해서 의심하지 않았었다. 견제와 비판이 없는 맹목적 추종의 결과는 늘 비참했다. 조고(趙高)가 모반을 일으키려 하였다. 그러나 여러 신하들이 따라주지 않을 것이 두려웠다. 이들을 시험하기 위해 사슴을 황제에게 바치면서 말하였다. "이것은 말입니다." 이를 긍정하는 신하도 부정하는 신하도 있었다. 조고는 부정하는 사람들을 기억해 두었다가 나중에 죄를 씌워 모조리 죽였다. 그 후 궁중에는 조고의 말에 반대하는 사람이 없었다.

견제와 비판이 사라지자 천하는 오히려 혼란에 빠졌고 항우와 유방의 군사가 함양을 향해 진격해 오자 조고는 결국 자신이 옹립한 황제 자영에게 주살당한다. 권력의 힘을 빌어 뭇사람을 농락한 지록위마(指鹿爲馬)의 대가는 비참했던 것이다.

그로부터 2,200년이 지난 오늘날도 우리는 여전히 지록위마의 우격다짐을 쉽게 접하게 된다. 편가르기나 레밍같은 집단적 부추김에 더 이상 쏠려 다니지 말고 냉철한 분석과 명확한 비전을 가지고 살아들 갔으면 한다.

이타적인 것이 가장 이기적인 것이다

 '환경은 우리가 후손에게 물려주는 것이 아니라 후손들로부터 빌려쓰고 있는 것이다.' 는 어느 교수님의 말씀을 듣고 놀란 적이 있었다. 환경은 우리가 아무렇게나 쓰다 남은 것을 후손에게 주는 것이 아니라 남의 물건 다루듯 소중하게 다루고 깨끗하게 후손에게 물려주어야 한다는 뜻인 듯 하다. 모두가 가끔씩이라도 나 중심의 이기적 생각을 버리고 상대방의 눈으로 세상을 볼 수 있다면 세상은 훨씬 따뜻해 질 것이다.

 때로는 가장 이타적인 것이 바로 가장 이기적인 것이 되기도 한다. 예컨대, 장애인 문제를 보아도 그렇다. 선천적이건 후천적이건 누구나 장애인이 될 확률은 5%정도가 된다. 즉, 자녀를 2~3명씩 낳는다고 하면 적어도 증손자대에 가면 가족중 한 명은 반드시 장애인이 될 수 있다는 뜻이다.

 장애인이 될 지도 모르는 자녀에게 땅과 돈만을 물려 주는 것은 뭔가 부족하다는 느낌이 든다. 그 자녀들이 일자리를 가지고 사회생활을 할 수 있는 제도, 불편함없이 살 수 있는 복지 시설을 함께 물려 주어야 할 것이다. 이렇게 본다면 지금 장애인을 위한 제도를 만드는 것이 바로 내 자녀들을 위하는 즉, 남을 위하는 것이 바로 나 자신을 위하는 일이 되기도 한다.

　요즈음 시가로 치면 수조원이 넘는 수지 땅 150만평을 가지고 있던 잘 나가가던 의사분께서 무심코 IMF때 형님 사업보증을 잘못 서는 바람에 지금은 신용불량자가 되었다 한다. 의사라는 안정된 직업과 땅이라는 불변의 재산을 가지신 분이 신용불량가가 되리라고 어찌 상상인들 할 수 있었겠는가?

　모 중소기업회장님의 서자로 현금 50억원을 유산으로 물려 받은 명문대 교수님이 계셨다. 직업도 단단한데 거금까지 생겼으니 미래는 보장된 것이었다. 그러나 그 현금으로 빌딩을 지으시려다가 오히려 10억원 빚을 지고 망해서 지금은 명문대 교수직도 그만 두었다고 한다. 이렇듯 세상일이란 한치 앞을 알 수가 없고 또 영원 불변의 부는 없는 법이다.

　자녀들에게 땅을 주고 돈을 준다고 자녀들이 그 부를 영원히 지켜가고 또 행복한 삶을 살아갈 수 있을까? 10여년 전만해도 힘겹게 살아가시던 분이 지금은 년매출이 4,000억원이나 된다고 한다. 영원한 부자도 영원한 빈자도 없는 것이다.

　재벌 2세들의 자살이나 돈많은 인기스타들의 자살에서 보듯 행복은 돈만으로 살 수 있는 것이 아니다.

　따뜻한 체온이 감돌 수 있는 제도를 함께 물려 주어야 한다. 일 중심의 사회, 먼 미래를 설계하는 사회가 되지않고 눈 앞의 이권만 다투는 파벌 위주의 사회가 되면 그 피해는 고스란히 자녀들이 보게끔 되어있다.

　나만 서러움 받지 말고, 나만 잘 살고 보자는 소아적 사고로는 내가 그토록 아끼던 자식들의 미래는 없다. 어찌보면 가장 이타적인 것이 가장 이기적인 것이 되기도 한다. 가끔은 상대방의 눈으로 세상을 보며 약자에 대한 사회적 안전망, 모두에게 공정한 제도를 만들어 가는 것이 오히려 땅이나 돈을 물려 주는 것보다 훨씬 더 값진 유산이 되지 않을까 생각해 본다.

똥거름은 모아 두면 악취가 나지만 흩뿌리면 거름이 된다

　부채(負債)가 많은 사람은 늘 근심과 걱정이 가득하고 사는 것이 편치가 않다. 흔히 부채는 금전적인 것만을 뜻하지만 기실 남에게 받는 모든 것은 다 부채이다.
　자손이 귀한 집에서 아들을 낳자 신비한 도인이 나타자 한가지 소원을 들어 주겠다고 했다. 단 한가지만이기에 어머니는 한참을 망설였다. 그리고 마침내 어머니는 자신의 아들이 모든 사람들에게 사랑받는 사람으로 살아가게 해 달라고 했다. 이 아이는 자라면서 주위 모든 사람의 사랑을 온통 독차지하며 자라났다.
　십수년이 지난 어느 날 그 도인이 다시 나타나 만족하느냐고 묻자 어머니는 그렇지 않다고 했다. 왜냐하면 아이가 사랑만 받으니까 사랑받는 것을 당연시 하고 이기적, 자기중심적이며 교만하고 독선적으로 자라게 되었다는 것이다. 그래서 어머니는 소원을 바꾸어 "이제는 사랑받기보다 사랑할 줄 아는 사람, 베풀 줄 아는 사람이 되게

해 주십시오"하고 간곡하게 요청했다고 한다.

  부채를 갚을 생각도 않고 당연시 하는 사람은 결국은 신용불량자나 범죄자가 되어 인생을 망치게 되고 기업이 그렇게하면 부도가 나게 마련인 것이다. 흔히들 돈을 빌리는 것만 부채라 생각하나 사랑도 받기만 하면 그 역시 부채인 것이다. 금전적 부채가 커지다 보면 부도가 나듯 사랑도 받기만 하다 보면 개인의 품성이 망가지게 된다.

  박재형이 지은 해동속소학(海東續小學)에는 가난한 형편임에도 불구하고 나보다 남을 더 생각하는 홍서봉 어머니의 부덕(婦德)에 대한 미담이 감동적이다. 인조 때 정승이었던 홍서봉은 어릴 적 집안이 몹시 가난하여 거친 밥과 나물국도 제대로 먹기가 어려웠다. 그런데 어느 날 그의 어머니가 여종을 시켜 생선을 사오게 했는데, 생선은 도저히 먹지 못할 정도로 상해 있었다.

  그의 어머니는 여종에게 "이런 생선이 얼마나 더 있더냐?"하고 물은 후 꽂고 있던 비녀를 뽑아 여종에게 주면서 남아 있는 생선을 모두 사오라고 했다. 그리고 여종이 사온 생선을 모두 땅 속에 파묻어 버렸다. 다른 사람들이 모르고 사다 먹으면 병이 나지 않을까 우려 했기 때문이다. 어머니의 드러나지 않은 베품, 살아있는 따뜻한 마음이 있었기에 홍서봉이 영의정까지 올라갈 수 있지 않았을까 생각해 본다.

  배설하지 않고 계속 먹기만 한다면 반드시 탈이 나게 되어 있다. 어느 수준이 지나면 먹는 즐거움도 사라지고 부패한 것들이 축적되어 고통만 가중 될 뿐이다.

  재물은 똥거름과 같아서 한곳에 모아 두면 악취가 나 견딜 수 없고, 골고루 사방에 흩뿌리면 거름이 되는 법이다. 아무리 맑은 물도 한곳에 고여있게 되면 썩게 마련이다. 흘러 넘쳐야 늘 맑고 신선한 기쁨을 누릴 수 있다. 재능이나 사랑도 마찬가지다. 배설에서 쾌감을 얻듯 베품과 나눔이 있어야 참된 큰 즐거움을 누릴 수 있다.

　미국 기부문화의 꽃을 피운 철강왕 앤드류 카네기는 "인간의 일생은 두 시기로 나누어야 한다. 전반부는 부를 획득하는 시기이고 후반부는 부를 나누는 시기여야 한다."고 설파했다.

　석유왕 록펠러는 죽기 전 "세계 최대 부자가 되기 위해 노력하던 인생 전반의 55년은 쫓기며 살았지만 나눔의 삶을 살던 후반 43년은 진정 행복하게 살았노라"고 베푸는 삶의 기쁨을 회고했다.

　주는 자는 받는 자보다 복이 있다. 흔히들 먹고 살기 바빠서 줄 것이 없다고들 한다. 그러나 곰곰이 따져 보면 그들은 줄 것이 없는 것이 아니라 실은 줄 마음이 없는 것이다. 안부 전화나 안부 문자, 작은 미소, 재미난 유머 하나라도 내가 베풀려는 마음만 가진다면 주위 사람들에게 줄 수 있는 것은 많다.

　마음을 닫고 남에게 무엇을 받을 것인가만 기대하다 보면 실망도 커지게 된다.　내가 먼저 마음을 열고 다가가 남에게 무엇을 줄 것인가를 생각하며 기분좋은 삶을 살아들 갔으면 한다.

불편함은 희망을 향해 흐르는 깨어있는 물이다

예전에 어느 절에 쌀이 서른 가마 나오는 좋은 옥답이 있었다. 주지스님은 그 옥답을 팔아 산에 버려진 땅을 사서 새로 개간하도록 하였다. 왜 좋은 옥답을 파느냐고 소란이 있었지만 주지스님은 원체 신망이 높으신 분이라 주지스님의 뜻을 따르기로 하였다. 스님들은 산을 열심히 일구고 농사를 지었다.

그러나 첫해 농사라서 그런지 개간한 땅에서는 열가마의 소출밖에 나지 않았다. 스님들은 매우 화가 났다. "우리는 스무 가마 손실을 봤다. 좋은 옥답을 팔지 않았으면 서른 가마의 소출이 있었을 것을 힘들게 산을 개간해 놓고 열 가마 밖에 수확하지 않았으니 스무 가마나 손해를 보았다. 노망든 주지스님 말을 듣다가 배만 주리게 되었다. 주지스님을 몰아내자."

스님들은 주지스님께 따지러 갔다. 그러자 주지스님은 오히려 아무 일 없다는 듯 태연하게 말씀하셨다. "열 가마 이익이 났느니라."

"아니 주지스님은 간단한 계산도 못합니까? 스무 가마 손해이지 어째서 열 가마 이익입니까?"라고 따지듯 대어들자 주지 스님은 꾸짖듯 깨우침을 주셨다.

"분명 열가마의 이익이 났느니라. 너희들이 이것을 모르는 것을 보니 중의 마음이 아니구나. 팔아버린 그 땅은 기름진 땅이라 누가 지어도 서른 가마 소출이 나왔을 것이다. 그리고 개간한 땅에서 열 가마 소출이 새로이 나왔으니 도합 사십 가마로 열 가마 이익이 아니더냐.

너희들 입으로 들어갈 밥숟가락만 세고 일체중생의 입으로 들어갈 숫자는 계산하지 못하니 너희들이 어찌 중의 마음을 갖고 있다고 할 수 있겠느냐. 입으로만 일체중생의 아픔이 내 아픔이라고 하고, 동체대비에 대해 얘기만 할 뿐이지 진정으로 동체대비도 모르는 중들이 아니더냐. 다시 한 번 너희들 스스로가 마음으로 돌이켜 보도록 해라. 깊고 큰 깨달음을 위해 새로이 정진하도록 하여라."

서른 가마 옥답에 안주하며 무기력한 삶을 살지는 말아야 할 것이다. 열가마의 도전, 열가마의 개척, 열가마의 배려가 세상을 풍요롭게 만드는 근원이다. 나만 생각하고 또 현재의 편안함만 즐기려 한다면 세상은 변화도 발전도 없다.

편안함은 경계해야 한다. 그것은 흐르지 않는 강이기 때문이다. 흐르지 않는 것은 언젠가는 썩고 부패하기 마련이다. 반면에 불편함은 흐르는 강물이다. 흐르는 강물은 희망을 향해 가는 깨어있는 물이다. 나의 불편함이 새로운 것을 향한 강건한 몸부림인 것이다.

불편하더라도 기꺼이 버려진 땅을 개간하듯 모두를 배려하는 마음으로 창조적 변화의 삶을 정진해 갔으면 한다.

이 세상 최고의 명품 술은 '절발역주(截髮易酒)'다

 이 세상에서 가장 귀중하고 비싼 술은 무엇일까? 어떤 이는 발렌타인 30년산을 말하고 또 어떤 이는 중국 술인 수정방이나 오량액을 말하기도 한다. 그러나 이는 아마추어들의 생각이다.
 전문가들의 의견은 다양하다. 전 세계에 50병 밖에 없는 '렌피딕 50년산', 프랑스 작가 프랑소와 라벨레의 탄생 500주년을 맞아 프랑스 코냐크 지방 후라팡 가문이 600병 한정 생산한 명품으로 병 전체가 24K순금 도금되어 병값만 100만원이 넘는 '프랑소와 라벨레 후라팡', 제퍼슨 대통령의 사인이 들어 있는 와인인 1787년 '샤또 라피트에서 만든 클라레래', 첫 잔에서 짠맛이 나는 독특한 맛을 지녀 컬렉터들에게 매우 인기가 높은 '스프링뱅크 1919맬트 위스키', 엄선된 포도를 원료로 백년동안 숙성과정을 거친다는 코냑 '루이13세', 헤네시 가문의 6대손인 킬리언 헤네시의 100회 생일을 맞아 100병 한정으로 생산한 제품인 헤네시의 '보떼 뒤 시에클 (Beaute

du Siecle)' 등이 모두 세계 최고급 명품 술로 손꼽히고 있다.

그러나 현재 기네스북에 올라 있는 가장 비싼 술은 '헨리 4세 두도농 헤리티지 디엔에이 코냑(HENRI IV DUDOGNON HERITAGE' THE DNA OF COGNAC)'이라고 한다.

이 술은 멕시코의 데낄라를 주로 생산했던 'LEY.925Co' 그룹이 자회사격인 프랑스의 '메종 두도농(MAISON DUDOGNON)'이라는 코냑 회사를 통해 출시한 것이다. 딱 한 병만 생산된 이 제품의 술병은 4㎏의 백금과 황금, 6천500개의 크고 작은 다이아몬드로 장식돼 있고 20억원이 넘는다고 한다.

술병속에는 코냑의 중심지인 프랑스 그랑 상파뉴에서 생산돼 100년 넘게 숙성된 원액이 1ℓ 담겨져 있는 것으로 알려지고 있다고 한다.

그러나 내가 알고 있는 한 이 세상에서 가장 값지고 귀중한 술은 단연 '절발역주(截髮易酒)'다.

동진 때 도간(陶侃)이라는 찢어지게 가난한 선비집에 규(逵)라는 친구가 찾아 왔다. 그러나 차려낼 음식도 술도 아무것도 없었다. 반가운 친구를 차마 그냥 돌려 보낼 수 없었던 도간의 어머니는 자신의 머리카락 잘라서 팔아 그 돈으로 술과 고기를 사서 아들 친구를 대접했다.

'머리를 잘라서 술을 바꾼다는 뜻'으로 자식에 대한 지극한 모정을 뜻하는 절발역주(截髮易酒)는 이 고사에서 유래되었다.

아무리 좋은 원액을 숙성시켰어도 어머님의 마음을 숙성시킨 술보다는 값지지 못하다. 아침이슬도 독사가 먹으면 독이 되듯 매우 좋은 술일지라도 불편한 사람들과 마시면 몸을 망치게 된다.

무슨 술이냐 보다는 누구와 마시느냐가 더 중요한 법인 것이다. 술 한잔에 평생을 함께 할 우정이 담겨있고 어머님의 지극한 정성이 담겨있다면 이 보다 더 비싸고 이 보다 더 귀중한 술이 어디 있겠는가?

  죽음을 앞둔 사람들이 사랑하는 이들과 대화를 나누면 '그때 무슨 짓을 하더라도 돈을 좀 더 벌었어야 했는데,,,'라고 말하는 사람들은 거의 없다고 한다. "시골길에서 자전거를 타던거 기억하니?" "바닷가에 간 일 기억나?" "맨발로 풀밭을 걸어 보고 싶었는데,,,"등등 좀 더 따뜻하고 서로 마음을 나누며 살지 못했던 것을 아쉬워 한다고 한다.

  죽음 직전의 사람들을 가장 많이 인터뷰했던 엘리자베스 퀴블러 로스는 "비극은 인생이 짧다는 것이 아니라, 정말 중요한 것이 무엇인지를 너무 늦게 깨닫는다는 것이다."라고 설파했다.

  지금 우리는 과거 왕조시대 누구보다도 물질적으로는 풍족하게 살지만 행복하다고 말하는 사람은 많지 않다. 비싼 술에서 행복을 찾기 때문이다. 이제는 어머님의 속깊은 정에서 행복을 찾는 습성을 길러 갔으면 한다.

  돈보다 귀하고 값진 것이 서로를 위해주는 고마운 마음이다. 콩 한쪽도 나눠먹던 예전 그 마음만 되가질 수 있다면 현재의 물력으로도 우리는 충분히 행복하게 살 수가 있을 것이다.

대숲은 바람을 잡지 않는다

두 스님이 시주를 마치고 절로 돌아가던 중에 시내를 건너게 되었다. 시냇가에 한 아리따운 여인이 있었는데 물살이 세고 징검다리가 없어 그 여인은 발만 동동 구르고 있었다.

한 스님이 여인을 가까이 해서는 아니되니 여인을 두고 서둘러 시내를 건너자고 했다. 그러자 다른 스님은 그럴 수 없다며 여인에게 등을 들이대며 업어 주겠다고 했다.

여인을 건네 준 후 두 스님은 다시 길을 재촉했다. 그러자 조금 전에 여인을 업지 않았던 스님이 화난 목소리로 말했다. "수도하는 몸으로 여인의 몸에 손을 대다니 자네는 부끄럽지도 않은가?" 여인을 업었던 스님은 아무 대답도 하지 않았다.

"……"

그러자 여인을 업지 않았던 스님이 더욱 화가 나서 언성을 높였다. "자네는 단순히 그 여인이 시내를 건널 수 있게 도왔을 뿐이라고 말하고 싶겠지만 여인을 가까이 해서는 안되는 것이 우리의 신성한 계율이라는 것을 잊었단 말인가?" 그 스님은 계속해서 동료 스님을 질책했다.

두어시간쯤 계속 잔소리를 듣던 스님이 더 이상 참을 수 없다는 듯 껄껄 웃으며 말했다. "이 사람아, 나는 벌써 두어 시간 전에 그 여인을 냇가에 내려 놓고 왔는데 자네는 아직도 그 여인을 등에 업고 있는가?"

바둑을 둘 때 프로기사가 될 때까지는 정석을 계율외듯 암기하여 한다. 그러나 진정한 프로가 되려면 정석이나 계율은 잊고 전체 국면에 맞게끔 운용의 묘를 살려갈 수 있어야 한다. 스님들도 계율에만 집착하여 중생의 어려움에 눈감아서는 진정 큰 스님이 되기는 어려울 듯 하다.

사람들은 무엇이건 집착하고 소유하려 한다. 그러나 자연은 결코 혼자 독점하려 욕심내지 않는다. 바람이 대숲에 불어와도 바람이 지나가고 나면 대숲은 소리를 남기지 않고, 기러기가 연못을 지나가도 스치면 그뿐 연못은 기러기의 흔적을 남겨 두지 않는다. 대숲은 애써 바람을 잡으려 하지 않고 연못도 애써 기러기를 잡으려 하지 않는다. 가면 가는대로 오면 오는대로 자연은 무엇에건 집착하거나 미련을 두지 않는다.

지나치게 형식적인 것들에 집착하여 소중한 가치를 잃어 버리지 않았으면 한다. 집착하며 소유하고 잡아두려하기 보다 그저 잠시 머무르는 시간만이라도 반갑게 환영하고 소중히 간직했으면 한다. 스님이 여인을 건네주고 마음 쓰지 않듯 대숲이 바람을 미련없이 보내주고 연못이 기러기 흔적을 남기지 않듯 집착하지 않으며 자연스레 살아들 갔으면 한다.

나와 다름을 성장의 동력으로 삼는다

당태종의 시대는 '정관의 치(貞觀之治)'라 하여 중국사에서 길이 추앙되는 황금시대를 맞이 했고, 위징은 그 시대를 여는데 결정적 공헌을 했다. 위징의 간언은 준엄했으며, 때로는 태종을 정면으로 비난하기도 했다. 목숨을 두려워 않는 200여 차례에 걸친 그의 간언이 있었기에 태종의 위업은 가능했다.

하루는 황제가 조회(朝會)를 마치고 들어와 얼굴이 붉으락 푸르락 하여 황후에게 말하기를 "그 촌놈을 죽여버려야지…" 하면서 단칼로 목을 칠 것 같은 위세를 보이기에, "왜 그러십니까?" 하고 황후가 물었다고 한다. 그러자 당태종은 "위징이란 놈이 조회 때마다 나를 욕 보인단 말이요." 라고 말했다.

황후가 듣고 물러갔다가 다시 조복을 갈아입고 황실에 들어와 황제께 넙죽 절을 했다. 황제가 의아해서 물으니 황후가 이렇게 말했다. "임금이 밝으면 신하가 곧다[君明臣直]하였습니다. 이제 위징이 곧은 것을 보니 폐하의 밝음이 드러나는지라 경하 올리옵니다."

황제는 황후의 깊은 뜻을 알아차리고는 자신의 화를 풀고 기뻐하며 위징의 직언을 다시금 되새겼다고 한다.

그런데 놀라운 사실은 위징이 본래는 태종과 왕권을 다투었던 태자이자 태종의 형이었던 이건성(李建成)의 전략가로서 태종을 죽여야 한다던 인물이었다는 것이다. 그러나 태종은 자신을 죽일려던 그에게 복수하기 보다 오히려 그의 능력을 높이 사 중용하였고 마침내 위대한 치적을 이룩하였다.

진(秦)나라 적 얘기다. 진의 치수(治水)사업을 맡고 있던 정국(鄭國)이라는 기술자가 진왕 정에게 관개수로를 만들기를 권했는데, 이 대규모 공사가 훗날 진나라의 국력을 소비시키려는 한나라의 모략임이었음이 밝혀졌다.

그러자 타국인들이 중용되는 것에 불만이 많았던 종실과 대신들은 모든 외국 국적의 관리들을 추방하도록 '축객령(逐客令)'을 내리게 했다. 이때 초(楚)의 사람으로서 추방되는 입장에 처하게 된 이사가 함양을 떠나면서 진왕에게 간언하기 위해 서신을 썼는데, 이것이 저 유명한 '간축객서(諫逐客書)'다.

"태산은 한 줌의 흙이라도 사양하지 않았기에 그렇게 클 수 있고, 바다는 작은 물줄기도 마다하지 않기 때문에 그렇게 깊어질 수 있는 것입니다. 마찬가지로 임금은 한 사람의 백성이라도 물리치지 않아야 그 덕을 밝힐 수 있습니다.(泰山不讓土壤태산불양토양, 故能成其大고능성기대, 河海不擇細流하해불택세류, 故能就其深고능취기심, 王者不?衆庶왕자불각중서, 故能明其德고능명기덕).

그런데 지금 들어온 인재를 물리치고 외객을 추방하려는 것은 원수에게 군사를 빌려주고 도둑에게 식량을 공급해주면서, 진나라는 안으로는 인재 부족을 감수해야 하고, 밖으로는 각 나라의 원한을 사게 되는 것이니, 어떻게 나라가 편하기를 바라며, 천하의 패자가 되고자 하는 위업을 이룰 수 있겠습니까?"

이사의 이 상소로 그의 존재를 새롭게 인식하게 된 진왕 정은 축객령을 철회하고 그를 정위(廷尉)로 임명했다 한다.

장님 10명이서 코끼리의 각기 다른 부위를 만진 후 서로 자기가 코끼리의 본 모습을 가장 잘 알고 있다고 우긴다면 그들 모두에게는 질시와 반목이 있을 뿐이다. 그들은 코끼리의 본 모습을 영원히 알 수가 없다.

그러나 타인의 경험에 귀 기울이고 서로가 만져본 부분들에 대해 다양한 견해들을 주고 받으며 서로를 존중해 간다면 그들은 코끼리의 본 모습을 보다 정확히 그려 낼 수 있게 될 것이다.

희고 붉고 푸른 다양한 것들이 모여 봄이 되고, 뜨겁고 차고 깨끗하고 더러운 모든 물들이 모여 깊고 푸른 바다가 된다.

각종 모임에서의 만남은 직업, 지역, 세대, 생각 등이 모두 다를 수 밖에 없다. 나와 다름을 내 식으로 재단하려 한다면 서로에게 상처만 남게 된다. 위징을 등용한 태종의 안목, 한 줌 흙을 내치지 않는 태산의 마음, 코끼리의 본 모습을 그려 보려는 장님의 경청이 필요하다.

나와 다름을 내 성장의 원동력으로 다듬어 가며 또 상대를 존중하고 배려해 가며 모두가 향기로운 봄, 너른 바다가 되었으면 좋겠다.

탈피의 고통이 성장의 동력이다

　바닷가재는 매우 단단한 껍질을 가지고 있다. 부드러운 속살이 상처입지 않게끔 외부의 공격을 막아주는 든든한 보호막이다. 그러나 바닷가재가 성장하려면 작은 껍질을 벗고 새로운 큰 껍질을 만들어야 한다.
　이처럼 작은 껍질을 벗어 버리는 과정을 '탈피'라고 한다. 바닷가재는 5년간의 성장기를 보내면서 무려 25번의 탈피 과정을 거치고 다 자란 뒤에도 1년에 한 번씩 껍질을 벗는다고 한다. 만약 작은 껍질을 벗지 않으면 껍질이 더 딱딱하게 굳어버려 바닷가재는 그 껍질 속에 갇혀 버리게 되고 마침내 성장을 할 수 없게 된다. 그것은 바로 죽음을 의미한다.
　바다가재에 있어서 가장 힘든 시기는 바로 작은 껍질이 벗어지고 새로운 껍질이 형성될 때라고 한다. 이 기간은 보호막 하나 없는 무방비 상태로 속살이 그대로 드러나 상처를 입기도 쉽고, 때로는 다른 고기들의 먹이가 될 수도 있다.

그럼에도 불구하고 바닷가재는 작은 껍질을 벗어 내야만 한다. 알을 깨고 나오지 못하는 새에게 알은 곧 감옥이요 죽음이듯 껍질을 벗겨내지 않으면 자신을 보호해 주던 그 껍질이 도리어 자신을 가두는 감옥이요 죽음이 되고 만다. 목숨을 건 도전을 하면서 바다가재는 성장해 나가는 것이다.

우리들도 성장을 해 가자면 익숙해 져 버린 틀 안주해 오던 현실의 삶을 깨치고 새로운 도전 새로운 비상을 해야만 한다. 어린 새의 몸짓처럼 서툴고 또 무방비로 노출된 속살에 쓰라린 상처가 가해진다 하더라도 마침내 우리는 알을 깨치고 나와 하늘 높이 치솟아야만 한다. 계절이 바뀌듯 겨울 외투를 벗고 산뜻한 봄옷을 준비해야만 한다.

눈물 속에서 꽃이 피어나듯 모진 시련 속에서 참된 성장과 아름다운 발전이 있다. 산모의 고통 뒤에 옥동자가 태어나는 법이다. 과거의 가장 힘든 순간들도 지금 돌이켜 보면 그저 아름다운 추억에 지나지 않는다. 현실에 안주하지 말고 또 지금 힘들다고 포기하지 말고 다시금 새로운 비전을 향해 떨치고 전진했으면 한다.

바닷가재에게 새로운 껍질이 생기듯 다시금 더 좋은 경험들이 기다리고 있을 것이다. 애벌레로 평생 땅을 기어다니기 보다는 서툴고 상처 받더라도 나방이 되어 하늘을 나는 도전을 시도해야 할 것이다. 딱딱하고 오래된 껍질을 벗겨내는 바닷가재를 보며 속살의 에이는 아픔을 이겨내는 바닷가재를 보며 새로운 도전을 준비해 본다.

역린(逆鱗)은 지켜 주어야 한다

 '왕의 노여움'을 일컫던 '역린(逆鱗)'이라는 말이 최근에도 자주 사용된다. 북한의 미사일 발사를 두고 미국의 역린을 건드렸다고도 하고 또 정당의 경우 소란이 일면 당 대표의 역린을 건드렸다고도 한다.
 '한비자'는 '세난(說難)'편 말미에서 "용이란 동물은 유순해서 길들이면 탈 수 있다. 그러나 턱 밑에 한 자 정도 되는 거꾸로 난 비늘, 바로 역린(逆鱗)이 있는데, 설사 자신을 길들인 사람이라도 그 역린을 건드리면 반드시 그 사람을 죽인다"고 경계했다.
 그러면서 "군주에게도 역린이 있다. 유세하려는 자는 군주의 역린을 건드리지 않을 수 있어야만 성공을 기대할 수 있다"고 주의를 당부한다. 용은 영물이라 사람과 어울리기도 복을 베풀어 주기도 한다. 친하게 지내다 보면 등에 올라 탈 수도 있다.
 용은 어떤 경우에도 사람을 해치지 않는다.
 그러나 그 목아래 붙어 있는 역린을 건드리면 아무리 친하게 지내던 사람도 죽여버리고 만다. 몸의 모든 비늘은 땅을 향하고 있는데 목의 비늘만 유독 하늘을 향하고 있어 용의 목을 쓰다듬으면 역린이 목을 찌르게 되고 용은 고통을 참을 수 없기 때문이다.

역린은 군주에게만 있는 것이 아니다. 지뢰의 뇌관처럼 만지면 터져 버리는 역린은 가족이나 연인에 대한 사랑일 수도 있고 자신만의 소중한 것 아니면 약점이나 민감부위일 수도 있다. 자존심일 수도 있고, 건드려서는 안되는 아킬레스건일 수도 있다.

원하든 원하지 않든 우리는 간혹 상대의 급소를 건드려 사이가 나빠지고 상황을 악화시키곤 한다. 말 한 마디, 행동 하나가 경우에 따라 치명타가 될 수 있다.

개인 사이건 국가 간의 관계건 상대의 역린을 건드리는 일은 없어야 한다. 민감부위를 피하면서 머리를 맞대고 이해를 조정해가다 보면 최악의 상황을 면하고 난제도 뜻밖에 순조롭게 풀려 갈 수 있다.

상대가 소중히 여기는 것은 존중해 주고 또 아픈 부위는 감싸줄 수 있어야 한다. 역린을 지켜주며 영원히 서로가 서로의 푸르른 하늘이 되었으면 좋겠다.

통풍의 틈새가 돌담을 지킨다

 제주도는 돌, 바람, 여자로 상징되듯 바람이 매우 거세다. 단단한 시멘트나 철근으로 둘러쳐진 담장도 제주의 바람에는 견뎌내지 못한다. 그러나 엉성하게 쌓아올린 돌담이 그 모진 비바람에도 무너지지 않는 이유는 무엇일까?

 집이건 밭이건 무덤주위를 둘러싸고 있는 대부분 돌들은 한라산 화산활동 때 생긴 구멍이 숭숭 뚫린 현무암이라고 한다. 즉, 바람을 통하게 하는 통풍의 틈새가 바로 무너짐을 방지한다는 것이다.

 막힘, 닫힘은 언제나 파국, 무너짐으로 연결된다. 세계의 모든 독재자들의 비극적 종말도 결국은 발전적 비판에 강압적 재갈을 물리기 시작한 것이 그 출발점이었다. 빗장을 푼 열림, 통풍의 틈새가 있어야 사회는 건강하게 발전해 갈 수 있다.

 지역, 이념, 종교, 세대 간의 닫힌 벽을 허물어야 한다. 나와 다른 의견을 가졌다고 또 쓴 소리 좀 한다고 시기하고 질투해서도 아니 된다.

상대를 이해하려 하고 존중해 가야 한다. 모두를 하나로 아울러 낼 수 있는 열림을 만들어 가야 한다.

모든 만남이나 모임이 단절 보다는 서로간 열린 마음, 상대의 진의를 곱씹어 보고 상대를 배려해 주는 통풍의 작은 틈새를 가지는 것이 중요하다. 이러한 자세만 갖는다면 우리는 건강한 대화와 토론으로 정말 좋고 재미있는 사회를 만들어 갈 수 있을 것이다.

비록 땅덩이는 작은 나라지만 가슴만은 더 넓게, 마음만은 더 크게 키워갔으면 한다. 대화로 막힘을 푸는 것, 교류의 틈새를 넓혀가는 것이야 말로 서로의 발전을 위한 도약의 밑거름임을 유념하고 제주 돌담의 지혜를 배워 갔으면 한다.

감싸 안을 수 없는 것을
감싸 안는 것이 참사랑이다

　반케이선사에게는 전국에서 몰려든 문하생들이 많았다. 그런데 문하생 중에는 물건을 훔치다가 현장에서 잡힌 도둑도 있었다. 모두가 그 도둑을 쫓아내자고 했으나 그럴 때마다 반케이선사는 거절하였다.

　그런데 얼마 후 또다시 도난 사고가 생겼다. 범인을 추적한 결과 역시 전에 그 사람이 범인임이 밝혀졌다. 다시 선사의 많은 제자들이 그를 내쫓아야 한다고 했다. 항의는 예전보다 더 강력하여 만약에 도둑을 내쫓지 않으면 자신들이 모두 나가겠다고 했다.

　반케이선사는 제자들을 모두 불러모았다. 문하생들이 한자리에 모두 모이자 반케이선사가 그들을 둘러보며 말했다.

　"너희들은 공부도 잘하고 지혜로운 사람들이다. 또한 옳고 그른 것을 잘 분별하기 때문에 이 절을 떠나 어느 세상에 가서 살더라도 잘못됨이 없을 것이다. 하지만 옳고 그름을 분별할 줄 모르는 이녀

석은 너희들과는 다르게 여기서 쫓겨나면 어디서도 제대로 살아갈 수가 없다. 따라서 너희들이 모두 이 절을 떠난다고 하더라도 난 이 녀석을 절대 포기할 수 없다."

잘난 사람은 누구나 감싸 안을 수 있다. 못난 사람을 감싸안는 것이 진정한 용기다. 잘난 사람들과 함께 못난 사람을 욕하기 보다 못난 사람을 감싸주는 값진 희생이 그립다.

못난 사람때문에 오해받고, 비난받고, 상처받더라도 뜨거운 불에 단련된 쇠가 강철이 되듯 상처받은 조개가 진주를 만들 듯 묵묵히 감싸안고 강철을, 진주를 만들어 갔으면 좋겠다.

모두의 만남이 하늘이 되었으면 좋겠다. 짓누르는 먹구름 하늘이 아닌 서로를 받쳐 주는 모두 서로가 서로에게 푸르른 하늘이 되는 그런 만남이었으면 좋겠다. 내 생각과 달라도 이해와 배려를 해 주고 부족함이 있어도 왕따시키지 않으며 감싸안아 줄 수 있었으면 좋겠다.

내 사랑의 크기만큼 그의 사랑이 같아야 한다고 요구하지 않으며, 받아서 채워지는 사랑보다는 주면서 채워지는 사랑, 그런 사랑의 크기를 키워가는 만남이었으면 좋겠다.

하나되려는 집착보다는 관조의 거리가 중요하다.

예전에 '무릎과 무릎사이'란 영화가 있었다. 그 사이에 뭐가 있느냐고 농담도하고 했었는데 문득 그 사이가 없어진다면 어찌 될까하는 생각이 들었다.

무릎과 무릎이 서로 사랑을 하여 그 사이가 없어지고 무릎과 무릎이 붙어 버린다면 어찌될까? 걷지도 못하게 될 것이고 등산도 수영도 축구도 여행도 모두 못하게 되고 매우 답답해 질 것이다. 이와 비슷하게 지나친 사랑이 오히려 자유를 앗아가고 구속만 강요하게 되지는 않을까?

나무와 나무도 일정한 사이가 있어야 한다. 너무 촘촘하게 심어 놓으면 가지끼리 부딪치거나 햇볕을 제대로 받지 못하게 되는 등 서로의 성장을 방해하게 된다. 모두 죽거나 적어도 한쪽은 제대로 자라나지 못하게 된다. 각자의 자유가 보장되는 일정한 사이가 있어야만 한다.
　참된 사랑, 맑은 만남이란 하나되려는 집착이 아니라 서로를 존중하는 둘 사이의 거리인 듯 하다. 내 생각을 강요하는 획일화가 아니라 그의 생각이 자유롭도록 해 주는 다양성인 듯도 하다.
　어린아이가 사랑스럽다고 너무 힘껏 안으면 아이는 질식사하고 만다. 아이에게는 아이만이 숨쉴 수 있는 공간이 필요한 법이다. 고슴도치도 사랑한다고 몸을 너무 밀착시키면 서로 상처만 주게 된다. 모든 사랑은 너와 나의 사이가 있어야 한다. 서로의 자유를 지켜줄 수 있는 일정한 거리가 있어야만 한다.
　계곡 한편에서 급류를 굽어보면 그 아름다움에 넋을 잃고 만다. 그러나 거리를 없애고 급류에 뛰어 들어 휩쓸리게 되면 정신을 잃고 다치고 상처받게 된다. 매력적인 급류와 나 사이에도 관조의 거리가 필요하다.
　모든 만남이 일방적인 사랑, 독선적인 만남이 아니라 지켜볼 수 있는 사랑, 맑은 만남이었으면 좋겠다. 불을 가까이서 쬐면 화상을 입고 너무 멀리 있으면 춥게 된다. 알맞은 거리에서 서로의 사이를 배려하며 나의 집착이 아닌 그의 자유를 존중해 갔으면 좋겠다.

어항속의 물을 갈아 주어야 붕어가 깨끗해 진다

예전에 울지 않는 두견새 얘기가 회자된 적이 있었다. 오다노부나가는 '울지 않는 두견새는 죽여 버린다.', 도요토미 히데요시는 '울지 않는 두견새는 울게 만든다.', 도쿠가와 이에야스는 '울지 않는 두견새는 울 때까지 기다린다.'고 했다 하여 세 사람의 개인 성격을 비교하기도 했고 바람직한 리더십에 대해 논쟁을 벌리기도 했다.

두견새를 대하는 태도가 개인적 성격에 따른 것일 수도 있겠으나 한편으로는 개인적 성격보다는 오히려 시대적 요구가 더 많이 반영된 것이 아니었나 생각해 본다.

즉, 전투를 통해 구체제를 파괴하고 새 시대를 세워야 했던, 상대방을 죽이지 않으면 내가 죽는 긴박한 상황을 살았던 오다 노부나가는 두견새가 울 때까지 기다릴 시간이 없었을 것이다. 또 전쟁의 상흔을 딛고 통일된 새 시대의 기초를 건설해 가야 했던 도요토미 히데요시는 두견새가 울게끔 적극적으로 움직일 수 밖에 없었을 것이고, 건설된 새 시대를 안정적으로 평화롭게 유지 보전해 가야 했던 도쿠가와 이에야스는 사람 사이의 신뢰와 여론을 중시하며 두견새가 울 때까지 기다릴줄 아는 품성을 가질 수 밖에 없었을 듯 하다.

세상의 모든 크고 작은 사건들은 때로 개인적 관점으로만 파악하기 보다는 시대적 관점에서 바라 볼 필요도 있다고 여겨진다.

미국같은 선진국에서 가끔 볼 수 있는 소수민족의 총기난사 사건같은 것도 개인적 나쁜 품성으로만 돌리고 끝낼 수도 있다. 그러나 총기판매 규제 반대로비를 아주 잘 했던 무기상들의 탐욕, 이민 등 소수민족에 대한 미국사회의 차별, 동료를 짓밟고 이기는 것만을 최고로 여기는 이기적인 교육현실 등과 같은 시대상도 반영되지 않았나 생각해 본다.

물론 지구상에는 아주 열악한 처지에 있으면서 밝은 희망을 간직하며 살아가는 사람들도 많다. 시대를 탓하기에 앞서 개인의 잘못이 너무나도 크다.

그러나 오늘날 각박해져만 가는 사회 분위기도 한번쯤 되돌아 보았으면 한다. 경제가 발전하고 잘 살게 되었다고들 하는데 과연 우리들 마음도 그만큼 넉넉해 졌는지, 약자에 대한 배려나 사람과 환경 대한 마음이 또 그만큼 맑게 커져 갔는지 한 번쯤 숙고해 보았으면 한다.

자녀들 공부를 득달하면서 과연 이것이 부모가 할 노릇인가 회의가 들 때도 많다. 그러나 친구와 우정을 쌓고 자연의 아름다움을 노래하며 마음을 맑게 키워가라고 하기에는 현실이 너무나 힘겹기만 하다.

어항속의 금붕어가 자신의 몸을 깨끗이 하려고 물을 내뿜고 토하고 자신의 내장까지 내 뱉어도 붕어의 몸은 깨끗해 지지 않는다. 근본적으로 어항속의 더러운 물을 맑은 물로 갈아 주어야 한다. 개인을 탓하기만 할 것이 아니라 사회와 문화를 바꾸어 가야 한다. 못 살았지만 음복을 나누며 마음만은 풍성했던 어릴 적 시골생활이 경제적으로 좀 나아진 지금보다 오히려 훨씬 행복했다는 생각이 많이 든다. 후손들에게 부유한 국가를 물려주려는 것 못지않게 부유한 마음을 물려 주었으면 좋겠다.

숭어는 청어를 건강하게 만든다

영국사람들이 청어 요리를 유난히 좋아한다고 한다. 어부들은 북해에서 청어를 잡아 런던까지 운반했는데, 운반시간이 너무 길어 많은 청어들이 죽었고 그나마 살아 남은 청어도 힘이 없어 싱싱하지 않았다. 어부들은 어쩔수 없이 냉동선을 이용했는데 신선도가 매우 낮았다.

그런데 어느 날 한 어부가 냉동도 하지 않은 싱싱한 청어를 가져와 매우 높은 가격을 받아 큰 돈을 벌었다. 그 비결은 청어가 있는 수조에 천적 숭어를 몇마리 넣는 것이었다. 숭어가 청어를 잡아먹으려 하면 청어는 계속 도망 다니게 되고 그 민첩한 운동때문에 싱싱하고 건강한 상태로 남아 있었다는 것이다.

미꾸라지와 메기 이야기도 많이 회자되었다. 논에 미꾸라지를 키울 때 한쪽 논에는 미꾸라지만 넣고, 다른 한쪽엔 미꾸라지와 함께 메기를 넣어 키우면 어떻게 될까? 메기를 넣어 키운 쪽 논의 미꾸라지들이 훨씬 통통하고 윤기 있다고 한다.

그 미꾸라지들은 메기에게 잡혀 먹히지 않으려고 항상 긴장한 상태에서 활발히 움직였기 때문에 더 튼튼해질 수 밖에 없었던 것이다.

추어탕 집에서도 이 원리를 이용한다고 한다. 지금은 내로라하는 추어탕집에서도 자연산 미꾸라지는 쓰지 않지만 맛과 영양면에서는 자연산과 큰 차이가 없다고 한다.

미꾸라지양식장에 천적인 메기를 몇마리 풀어넣기 때문이다. 슬슬 유영을 즐기던 미꾸라지들은 메기가 투입되자마자 생존을 위한 필사적 도피를 시작하고, 자연히 운동량이 많아져 양식산은 자연산과 비슷하게 된다고 한다.

사람도 조직도 마찬가지다. 건강하고 활력이 넘치려면 역경과 경쟁이 있어야 한다. 걱정하나 없이 안락해서는 발전이 없다. 인류 문명도 씨앗만 뿌리면 열매가 맺는 열대지방이 아니라 각고의 노력으로 자연과 싸워야만 했던 온대지방에서 더욱 꽃피웠다.

외부 환경으로 인한 긴장감 속에서 스스로의 능력을 향상시켰고 어려움을 극복하는 과정자체가 눈부신 발전이었던 것이다.

긍정적 시각을 키워갔으면 한다. 나를 힘들게 하는 모든 것들이 나를 힘차게 살아가게 하는 '숭어'라고 생각했으면 한다.

'숭어' 때문에 우리는 나태해지지 않고 강인하게 생존해 갈 수 있는 것이다.

기업도 다르지 않다. 항상 적절한 긴장과 자극, 건전한 위기 의식이 있어야 변화에 적응하는 능력이 생기고, 치열한 경쟁에서도 뒤지지 않고 계속 성장해 갈 수 있다.

"안전하다고 생각되는 그 순간이 가장 위험하다"는 말처럼 메기의 자극은 꼭 필요하다. 숭어와 메기를 두려워하거나 현실에 안주하지 말고 변화의 선봉에 서서 강인하고 싱싱하게 성장해 갔으면 한다.

고언을 하는 것 못지않게
고언을 듣는 것도 중요하다

조조(曹操)가 간절히 현사(賢士)를 찾는다고 하자, 태산(泰山)의 노승(老僧)이 그에게 비단 주머니를 하나 주면서 말했다. "누구든 당신을 지목하여 욕을 하는 사람이 있거든, 이 비단 주머니를 열어 본 뒤 그를 찾아가십시오."

조조가 허창(許昌)에 도착하자, 동생 조인(曹仁)이 매일 병사를 거느리고 나가서 도적질을 하며 백성들을 괴롭혔다. 사흘이 지나자 대문마다 방문(榜文)이 나붙었는데, 그 내용은 이러했다.

'조조가 허창에 이르렀으니, 백성들은 재앙을 만났구나.(曹操到許昌, 百姓遭了殃)'

그 아래에는 「허창(許昌)순욱(荀彧)」이라는 이름이 남겨져 있었다. 조조는 이 사실을 알고 화가 나서 이를 악물었다. 그는 처음에 곧바로 순욱을 붙잡아오려 했으나, 갑자기 노승의 말이 생각나서 비단 주머니를 열어 보니, 안에는 한 행의 문장이 적혀 있었다.

'허창에 살고 있는 순욱은 재주가 장자방을 능가하네.(許昌荀彧,

才過子房)'

조조는 크게 기뻐하며 조인에게 그를 청해 오라고 명했다. 원래 순욱은 조조가 재주 있는 사람이라는 소문을 듣고 의탁하려는 뜻을 가지고 있었으나, 먼저 넌지시 방문(榜文)을 한 장 써 붙여 그를 시험해 본 것이었다.

순욱은 조인이 자신을 데리러 온 것을 알고 일부러 문을 열지 않았다. 조인이 돌아가 보고하자, 조조는 반드시 친히 나서야 한다는 사실을 깨달았다.

그는 동짓달 내린 큰 눈을 무릅쓰고 취규가(聚奎街)에 있는 순욱의 저택으로 찾아갔으나, 대문에는 자물쇠가 채워져 있고 사람이 보이지 않았다. 그는 수염에 얼음이 얼 때까지 기다리다가 그 자리를 떠났다. 그 다음 날 또 갔으나, 집사가 주인은 허전(許田)으로 사냥을 갔다고 했다. 세 번째는 순욱이 조상의 묘에서 벌초를 하고 있다는 얘기를 듣고는 예를 갖추어 찾아 갔다.

묘지에 도착하자, 스물 몇 살쯤 되어 보이는 한 청년이 한창 '손자병법(孫子兵法)'을 열심히 읽고 있는 모습이 보였다. 조조가 그 옆으로 가서 섰지만, 순욱은 고개도 한번 들지 않았다.

갑자기 한 차례 바람이 불더니, 순욱의 손에 있던 책이 바람에 날려 땅바닥으로 떨어졌다. 조조가 급히 몸을 굽혀 주워 올린 뒤, 공손하게 바치며 말했다.

"순공, 조조가 문안 여쭙니다."

순욱이 말했다.

"저는 보통 백성인데, 선생께서 어찌 문안을 여쭙니까?"

조조가 다시 말했다.

"순공은 자방(子房)의 재주와 자아(子牙)의 지모를 갖추고 있으니, 제가 함께 대사를 도모하려고 모시러 왔습니다."

"당신은 제가 당신을 욕하는 것이 두렵지 않습니까?"
조조가 웃음을 띠며 말했다.
"욕하는 데에 일리가 있다면 많이 욕할수록 좋지요."
순욱은 사양을 하며 발이 아파서 걸을 수가 없다고 하자, 조조는 곧장 앞으로 가서 순욱을 부축해 말에 오르게 했다. 이때부터 순욱은 조조의 모사(謀士)가 되어 수많은 책략들을 내 놓았다.
순욱의 욕을 잘 소화했기에 조조의 성공이 있었다.
양약은 입에 쓰나 병에는 이롭고[良藥苦口利於病],
충언은 귀에 거슬리나 행실에는 이롭다[忠言逆耳利於行].
설탕이 때로 독약이 되듯 칭찬만 하는 사람은 상대를 파멸로 이끈다. 소중한 사람일수록 고언을 아끼지 말아야 할 것이다. 그리고 고언을 하는 것 못지않게 쓴 소리에 귀 기울이며 자신을 갈고 닦는 겸허함을 배워가야 할 것이다.

영원한 승자가 되라.

'동창사발(東窓事發)'은 음모가 발각되어 처벌당하는 것을 비유하는 고사성어다.
악비(岳飛)는 금나라의 침략에 맞선 남송의 명장으로 어려서부터 어머니의 엄한 교육 밑에 자랐으며 용기와 지력이 뛰어났다. 병법에 능란했던 악비는 전쟁에서 한번도 패한 적이 없었다. 악비는 금나라와의 전쟁에서 여러 번 큰 공을 세웠고 그가 거느린 '악가군'은 정병으로 용맹했다. 당시 금나라에서는 "산을 무너뜨리기는 쉬워도 '악가군'을 무너뜨리기는 힘들다"라는 말이 떠돌 정도로 '악가군'의 기세는 하늘을 찔렀다.
하지만 주전파이던 악비는 금에 투항할 것을 주장하였던 화평파 재상 진회(秦檜)의 견제를 받았다. 진회는 '악가군'의 영향력이 커지는 것을 우려하는 황제 고종을 이용하여 '악가군'의 주전파 장군들을 군대로부터 격리시키는 방식 등으로 악비의 지휘권을 제한시켜 나갔다. 이런 화평의 움직임에 반발한 악비는 관직을 내놓았고 악비를 눈에 든 가시처럼 여겼던 진회는 악비를 제거할 음모를 꾸몄다.

진회는 갖은 모략을 꾸며내 악비를 반역죄로 몰아갔고 악비는 아들과 함께 감금되었다. 하지만 악비가 죄를 인정하지 않고 그를 신뢰하는 사람들이 많아 진회로서는 그를 처벌할 마땅한 방법이 없었다. 진회와 부인 왕씨가 침실의 동창(東窓) 밑에서 은밀히 대책을 꾸미고 있을 때, 왕씨는 "상공, 호랑이를 잡기는 쉬우나, 놓아주기는 어렵습니다. 지금 악비를 죽이지 않으면, 장래에 큰 후환이 될 것입니다."며 음흉하게 말했다.

진회는 왕씨의 말에 일리가 있다고 생각하고, 악비를 죽이기 위해 수단과 방법을 가리지 않았다. 그는 부하를 시켜 증거를 위조하여 악비와 그의 아들 악운, 부장 장선을 함정에 빠뜨린 후, '아마 있을지도 모른다'(莫須有)는 죄명으로 그들을 살해했다. 희대의 충신이자 애국자였던 악비는 이렇게 비참하게 간신의 손에 목숨을 잃고 말았다. 이때 악비는 39살이었다.

오래지 않아 진회와 그의 아들 진희가 죽자, 왕씨는 심신이 편치 않아 도사를 청하였다. 도사는 음간(陰間)에서 목에 무거운 칼을 쓰고 있는 진희를 발견하였다. "네 아버지는 어디에 계신가?"고 묻자, 진희는 "풍도지옥(?都地獄)에 계십니다."고 대답했다. 도사가 풍도로 가보니, 과연 진회와 악비를 박해했던 악인들이 모두 철로 된 칼을 쓰고 매우 고통스러운 형벌을 받고 있었다. 돌아갈 때가 임박해지자, 도사는 진회에게 왕씨에게 전할 말이 있는지 물었습니다. 진회는 울면서 말했다.

"부인에게 말을 전해주시오. 동창의 일이 모두 드러났다고.(東窓事發)" 도사는 현세로 돌아와 왕씨에게 진희의 말을 전해주었다. 왕씨는 너무나 놀라 어찌할 바를 몰랐고, 오래지 않아 그녀 역시 죽고 말았다.

　요우티아오(油條)는 밀가루를 반죽하여 꽈배기처럼 길게 꼬아서 기름에 튀겨낸 음식으로 중국인들이 아침식사로 즐겨 찾는 음식이라고 한다. 요우티아오 유래는 보쌈의 유래와 비슷한 발상이라 한다. 보쌈은 고려가 망한 후 이성계에 원한을 품은 개성사람들이 돼지고기를 삶아 김치에 싸먹으면서 성계육(成桂肉, 즉 이성계의 고기라는 뜻)을 먹는다는 의미로 생겨난 요리라 한다. 요우티아오도 나라를 팔아먹은 간신 진회(秦檜)를 튀겨 먹는다는 뜻으로 전해진다.

　악비는 후세에 충절과 공적을 인정받아 죽임을 당한 지 37년이 지나서 '무목'이라는 시호를 받고, 70년 뒤에는 '악왕'으로 추서된다. 반면 악비를 독살하고 부귀영화를 누렸던 진회는 간신으로 낙인이 찍혔다.

　사람들은 진회에 대한 원한으로 밀가루 반죽을 진회 얼굴 모양으로 만들어 기름에 튀겼고 그래도 시원치 않아 와작와작 씹어 먹으면서 진회를 씹어 먹는다고 생각했다 한다. 현재도 많은 중국사람들은 이름을 지을 때 진회의 회(檜)자가 들어가는 것을 꺼려 회(檜)자는 이름자로 절대 쓰지 않는다 한다.

　항저우 시후(西湖)의 악비묘(岳飛墓)에 가면 악비의 동상과 함께 진회 부부가 꿇어앉아 있는 동상을 볼 수 있다고 한다.

　악비도 진회도 모두 한줌 재가 된 지금에 돌이켜 보면 악비를 죽이고 조금 더 산 진회의 삶이 과연 무슨 큰 의미가 있었을까? 후손들의 가슴에 영원히 각인될 자부심과 수치를 생각해 보면 과연 누가 진정한 승리자였을까?

　남은 여생 일시 재물이나 권력을 얻으려 하기 보다는 자신의 신념과 의(義)를 지키며 부끄럽지 않은 삶을 살아가야 할 것이다.

파경은 결별이 아니라
다시 합치는 것이다

　전경련회장을 맡았던 분이 80을 바라보는 나이에 황혼이혼을 했었고 연예인들도 툭하면 이혼소식이 들려 올 정도로 우리나라 이혼율이 급증하고 있다고 한다.
　파경(破鏡)이라는 말이 있다. 글자 그대로만 보자면 거울을 깨뜨린다는 뜻이다. 이 말을 부부가 좋지 않은 일로 결별하거나 이혼하는 것을 가리키는 말로 알고 있는 경우가 많다. 그러나 본래는 헤어진 부부가 다시 합칠 것을 기약하는 의미를 담고 있다.
　남북조(南北朝)시대 남조(南朝)의 마지막 왕조인 진(陳)이 멸망하게 되었을 때 서덕언(徐德言)은 수(隨)나라 대군이 양자강 북쪽에 도착하자 자기의 아내를 불러 이렇게 말했다. "나라가 망하게 되면 당신의 미모와 재주로 인해 적의 수중에서 끌려가 다시 만날 수 없을지도 모르오."
　그리고 옆에 있던 거울을 반으로 쪼개어 한 쪽을 아내에게 주고는, "이것을 소중히 간직하고 있다가 정월 보름날 시장에 내놓고 팔도록 하시오. 만일 내가 살아 남는다면 반드시 돌아오리다."

두 사람은 헤어지게 되고 진(陣)은 멸망하여 서덕언의 아내는 수나라 양소의 집으로 들어갔다. 서덕언은 난리를 겪고 겨우 몸만 살아남아 1년이 걸려서 장안(長安)으로 돌아왔다.

정월 보름이 되자 서덕언은 시장으로 갔다. 그런데 거기에서 깨진 반쪽의 거울을 파는 노파를 보고 자신의 아내가 살아있음을 확인한 서덕언은 그 거울에 얽힌 사연을 얘기한 후 자신이 가지고 있던 나머지 반쪽과 합친 다음 뒷면에 다음과 같이 시를 적어 그 노파에게 돌려보냈다.

거울은 사람과 함께 갔으나 - 鏡與人俱去(경여인구거)
거울은 돌아오고 사람은 돌아오지 않네.- 鏡歸人不歸(경귀인불귀)
항아의 그림자는 다시없고 - 無復姮娥影(무복항아영)
밝은 달빛만 헛되이 머무네.- 空留明月輝(공유명월휘)

돌아온 거울을 받아든 서덕언의 아내는 이후 아무 것도 먹지 않고 울기만 할 뿐이었다.

나중에 이 사연을 알게 된 양소는 두 사람의 사랑에 감동이 되어 그들이 함께 고향으로 돌아갈 수 있도록 했다고 한다.

이제는 파경의 본래 의미가 되살아 났으면 한다. 이혼이 늘어나는 것이 아니라 오히려 헤어졌던 사람들이 다시금 만나고 부둥켜 안는 세상이었으면 한다. 이별없는 세상에서 서로 사랑하며 살아들 갔으면 한다.

삶의 실천이 가장 아름다운 작품이다

　예술가들의 '일상 삶에서의 인간적 면모'와 '예술 작품' 사이에서 극도로 상이한 두 모습을 만나게 되면 좀 당황스러울 때가 있다.
　'노인과 바다', '무기여 잘있거라', '누구를 위하여 종은 울리나' 등 명작을 남기고 노벨문학상을 수상했던 헤밍웨이는 개망나니였다.
　작가로서 꿈을 펼치게끔 남편을 정성껏 뒷바라지 했던 8살 연상이었던 첫째 부인 해들리와 어린 아들을 버린 채 이혼하고 돈 많은 여류작가 폴린과 딴 살림을 차린다. 얼마 지나지 않아 이번엔 폴린을 버리고 돌연 종군기자인 마사와 결혼을 선언한다. 그녀 역시 오래가지 못했다. 2차대전 중에 미국 타임지의 유럽특파원이었던 유부녀 메리를 만나 나중에 메리가 이혼한 후 둘은 결혼을 하게 된다.
　리츠호텔에서 메리가 남편사진을 보여주자 질투심에 사진을 변기에 집어넣고 권총을 쏘아 화장실의 물이 넘쳐 호텔방에 물난리가 난 적도 있었다. 말년에는 우울증과 정신병이 심해져 엽총으로 자살한다.

노벨상을 수상한 훌륭한 작품과 개망나니 생활을 보며 헤밍웨이를 어떻게 평가해야 할까? 한가지 분명한 것은 그런류의 작가들과 혼인을 맺는다거나 친구가 되어 뒤치다꺼리하며 삶을 무의미하게 허비하는 것을 자랑으로 여기지는 않을 듯 하다. 예술작품 때문에 인간성까지 존경하는 우를 범해서는 아니될 것이다.

예술가들이 영감을 얻기위해 많은 경험과 방황 또 예민한 감수성으로 납득하기 어려운 기행을 할 수도 있다고 생각한다. 그러나 그것이 작품으로 농축되지 못하고 그저 '예술가는 다 그런거야'라는 식으로 자기 도취에 젖어버려서는 아니된다.

헤밍웨이의 작품을 읽지 않아도 세상은 잘 살아 갈 수가 있다. 여자를 현관의 구두 흙털개 '도어매트'라 하며 무참히 짓밟아 버려 함께 살았던 여인들 중 절반이 자살이나 정신이상자가 되었던 피카소의 그림이 없어도 세상을 살아가는데 불편함은 없다.

그러나 밥을 먹지 않고는 살아갈 수가 없다. 우리 삶에 더욱 소중한 사람은 헤밍웨이나 피카소가 아니라 땅을 놀리는 것은 죄악이기에 손해를 보더라도 천직으로 농사를 짓는 평범한 농부이다. 내 삶을 더욱 아름답게 만들어 주는 사람은 대통령, 장차관, 재벌회장, 땅부자, 저명한 사이비 예술가들이 아니라 내 옆에서 내 얘기를 들어주고 좋은 충고를 아끼지 않는 편안한 친구들이다.

아무리 천재이고 뛰어난 작품을 남겼더라도 춘원 이광수와 어울리며 학병 지원을 강권하거나 독립운동가를 숙청하라고 다니고 싶지는 않다. 아무리 감투가 좋아도 춘원처럼 일본정신을 깨닫고 황도를 따르자는 황도학회 발기인 대표는 하고 싶지 않다.

삶의 짙은 향기는 천재적인 머리나 예술인의 저명함에서 나오는 것이 아니라 강직하고 올곧은 삶의 실천에서 나온다.

내가 만났던 분 중에 그 엄청났던 일본 고등문관시험에 합격하고

도 창씨개명을 거부해 판사에 임용되지 못하고, '불순한 사상을 가진 조선인(不逞鮮人)'라고 낙인찍혀 태평양전쟁 말기에는 탄광 노동자로 징용될 뻔한 분도 계시다. 끝까지 뜻을 굽히지 않고 조국의 독립을 위해 산화한 이름없는 군인들이 수만명이 넘는다.

 나는 이런 분들의 실천적 삶이 춘원의 그 어떤 작품보다 수천 수만배 값지고 배울 점이 많다고 생각한다. 허울좋은 예술가보다는 곧고 맑은 마음을 간직한 편안한 친구가 훨씬 소중하고 향기롭게 느껴진다.

 천재적 영감이나 훌륭한 작품보다는 올곧은 마음과 실천적 삶에서 나는 오히려 더 많은 것을 배우고 깨우친다. 돈이건 권력이건 지식이건 조금만 있으면 그저 오만하게 겉 멋드는 사람들을 부러워하며 따르지 말고 정담을 나누며 맑은 삶을 실천적으로 살아들 갔으면 한다.

강아지 똥도 민들레가 된다

　자살이 유행병처럼 번지고 생명을 존엄성이 무시되는 요즈음 권정생선생님의 '강아지 똥'은 그래도 마음을 한결 따뜻하게 해 준다.
　"돌이네 흰둥이가 골목길 담 밑 구석 자리에 똥을 누고 갔습니다. 참새 한 마리가 포르르 날아와 강아지 똥 곁에 앉아 주둥이로 꼭 쪼아 보더니 퉤퉤 침을 뱉고는 "똥, 똥, 똥······. 에그, 더러워!"하고 쫑알대다가 멀리 날아가 버립니다.
　강아지 똥이 잔뜩 화가 나 있는데, 흙덩이가 바라보고 "똥을 똥이라 않고 그럼 뭐라고 부르니?"하고 능글맞게 히죽거리며 "똥 중에서도 제일 더러운 개똥이야."하고는 용용 죽겠지 하듯이 쳐다봅니다.
　흙덩이도 떠나고 어느 봄날 귀여운 병아리들의 먹이가 되어 주겠다고 하자 엄마 닭은 "아니야, 너는 우리에게 아무 필요도 없어. 모두 찌꺼기뿐인걸." 그러고는 병아리를 데리고 저 쪽으로 가 버립니다.
　강아지 똥은 또 풀이 죽었습니다. '아~~나는 역시 아무 데도 쓸 수 없는 찌꺼기인가 봐' 저절로 한숨이 나왔습니다. 이어서 눈물도 났습니다. 강아지 똥은 그만 하느님이 원망스러워집니다. 강아지 똥은 하늘의 눈부신 별들을 쳐다보다가 어느 틈에 그 별들을 그리워하게 되었습니다. '영원히 꺼지지 않는 아름다운 별빛.' 이것만 가질 수 있다면 더러운 똥이라도 조금도 슬프지 않을 것 같았습니다. 강아지 똥은 자꾸만 울었습니다. 울면서 가슴 한 곳에다 그리운 별의 씨앗을 하나 심었습니다.

비가 내렸습니다. 강아지 똥 바로 앞에 파란 민들레 싹이 하나 솟아났습니다. 민들레 씨앗과 이야기를 나누다가 민들레가 말했습니다. "네가 거름이 되어 줘야 한단다." 이 말을 듣고 강아지똥은 놀랐습니다. 그리고는 벅차 오르는 기쁨에 그만 민들레 싹을 꼬옥 껴안아 버렸습니다.

"내가 거름이 되어 별처럼 고운 꽃이 피어난다면 온몸을 녹여 네 살이 될게." 비는 사흘 동안 계속 내렸습니다. 강아지 똥은 온몸에 비를 맞아 잘디잘게 부서졌습니다. 그렇게 민들레는 아름답게 피어 올랐습니다.

방긋방긋 웃는 꽃송이엔 귀여운 강아지 똥의 눈물겨운 사랑이 가득 어려 있었습니다.

굼벵이는 더럽지만 매미로 변하여 가을 바람에 맑은 이슬을 마시고, 썩은 풀은 빛이 없지만 반딧불로 변해서 여름밤을 빛낸다. 깨끗함은 항상 더러움에서 나오고 밝음은 항상 어둠에서 비롯된다. 아무 짝에도 쓸모없던 강아지 똥 한 줌이 민들레로 피어나 기쁨을 준다.

누구도 거들떠 보지 않던 길가에 버려진 '강아지 똥'도 민들레를 키워 내는 데는 귀중하고 꼭 필요한 존재이다. 세상에 쓸모없는 것은 아무것도 없다. 자신의 소중함을 다시금 깨우쳐 갔으면 한다.

자신의 삶만 살찌우고자 하지 말고 먼저 잘게 부서지고 베풀고자 한다면 세상에 필요로 하는 곳은 많이 있다. 생명을 귀하게 여기고 가치있는 삶을 살아들 갔으면 한다.

고목은 침묵으로 평화를 지킨다

외가집 동네 입구에는 큰 아름드리 고목이 있었다. 어릴 적에 외가집에 갈 때면 늘 그 나무를 지나야 했다. 나무 아래서는 누군가가 장기도 두고, 또 누군가는 막걸리도 마시고 때로는 아낙네들끼리 모여 수다도 떨었던 곳이다. 고목은 마을 모두의 집을 들여다 보았고 또 모두의 얘기를 들었다.

만약 그 나무에 입이 있었다면 어찌되었을까? 이집 얘기를 저집, 저집얘기를 이집에 옮기고, 이 사람 험담을 저 사람, 저 사람 험담을 이사람에게 하며 분주하게 말들을 확대 재생산 하게 되면 마을에는 잡음이 끊이지 않을 것이고 마침내 사람들은 마을의 평화를 위해 나무를 베어 버렸을지도 모른다.

결국 듣고 보되 말하지 않는 나무의 침묵이 스스로를 살리고 또 마을도 평화롭게 만들었던 것이다. 말함이 없이 바르게 살아가는 지혜를 이미 말하고 있었던 것이다.

예로부터 교에서는 혀를 화살에 비유해 왔다고 한다. "왜 다른 무기, 예를 들면 칼같은 것에 비유를 하지 않고 굳이 화살에 비유했는가?"라고 묻자, "누가 제 친구를 죽이려고 칼을 뽑았다가도 그 친구가 빌며 용서를 구하면 화가 누그러져 그 칼을 도로 집어넣을 수도 있다. 그러나 한 번 쏜 화살은, 아무리 나중에 후회를 한다 해도 다시 돌이킬 수 없기 때문이다."라고 답했다고 한다.

말은 상대방에게 치명적일 수 있기에 그만큼 두 번 세 번 숙고해야 한다. 칼에 베인 상처는 아물지만 혀에 베인 상처는 영원히 아물지 않는다고 합니다. 루머나 미확인 정보, 악성 댓글 등으로 타인에게 아물지 않는 상처를 주어서는 아니 될 것이다.

좋은 말을 하는 동안은 좋은 생각을 하게 되고 좋은 생각을 하는 동안은 저절로 좋은 사람이 된다. 서로의 상처를 감싸주는 좋은 하늘이 되었으면 좋겠다. 덕담을 나누며 아름다운 세상을 만들어 갔으면 좋겠다.

물은 낮은 곳을 향해 흐른다

　상선약수(上善若水)란 지고 지순한 최고의 높은 선(가장 아름다운 것, 가장 좋은 것, 가장 훌륭한 것, 가장 이상적인 것, 노자의 도)은 물과 같다는 뜻이다. 물은 많은 미덕을 가지고 있으며 우리에게 여러 가지 지혜를 준다.

　첫째, 겸양(謙讓)의 미(美)이다.
　사람은 모두 한결같이 위로 가기를 좋아한다. 그러나 물은 만물의 흥망성쇠를 장악하는 엄청난 힘을 가지고 있고 또 만물에 커다란 은혜를 베풀면서도 스스로를 드러내거나 교만하지 아니하고 늘 누구나 싫어하는 낮은 곳을 향해 흘러간다.

　둘째, 부쟁(不爭)의 미(美)이다.
　물은 순리에 따를 뿐 결코 다투지 않는다. 물은 아래로 흐르면서 암석을 만나도 다투지 않으며 또 암석의 자리를 탐내지도 않고 점잖게 비켜 지나간다. 또 깊은 웅덩이를 만나면 다른 물이 모일 때까지 쉬면서 기다린다.

셋째, 유연(柔軟)의 미(美)이다.

물은 매우 유연하고 융통성이 많다. 모난 그릇에 담으면 모나게 되고 둥근 그릇에 담으면 둥글게 되어 그릇 모양에 따라 아무런 불평 불만없이 형태를 바꾼다. 단단한 형체를 가진 버스는 골목길로 갈 수 없지만 물은 아무리 좁고 꼬불꼬불한 길이라고 해도 자유롭게 흘러간다.

사람도 초목도 모두 어리고 살아 있을 때는 부드럽고 약하지만, 늙고 죽었을 때는 단단한 것으로 변한다. 강하고 큰 것은 결국 아래에 깔리게 되고, 부드럽고 약한 것은 위로 오르게 된다. 생명력있는 유연함이 죽어가는 강함을 이기게 된다.(柔弱勝剛强 : 부드럽고 연약한 것이 단단하고 강한 것을 이긴다.) 물은 유연하지만 강철을 녹슬게 하는 힘이 있다. 물은 억지로 그 흐름을 거스르려 하지 않는다. 세상 흐름에 몸을 맡기고, 강제로 자신의 모습을 규정하지 않는다. 물처럼 자유롭고 유연하고 자연스레 살아가는 것이 가장 아름(上善)답다.

넷째, 인자(仁慈)의 미(美)이다.

물은 부드럽고 유약하여 깨끗하기 때문에 인간의 모든 더러움을 씻어주기를 좋아하니 인자하다고 말할 수 있다.

다섯째, 중용(中庸)의 미(美)이다.

모든 물건은 됫박에 넘치게 쌓이지만 물은 위를 고르는 막대를 쓰지 않아도, 됫박에 차면 스스로 멈춘다. 욕심을 절제하는 바른 미덕, 넘치지 않는 중용의 미덕이다.

여섯째, 정의(正義)의 미(美)이다.

물은 차이가 있을 때는 흐르지 않는 법이 없다. 많은 쪽에서 넘쳐 부족한 쪽을 돕는다. 이것은 물의 의로움이다.

일곱째, 청순(淸純)의 미(美)이다.

우리가 깊은 물을 쳐다보면 검푸르지만 손바닥에 떠서 보면 무색 투명하다. 이것은 물의 청순하고 정미로운 성질이다.

물의 수평은 모든 형량의 으뜸이고 물의 무색은 모든 색깔의 바탕이며 물의 담박함은 모든 맛의 중용이다. 그러므로 물이야말로 만물의 기준이며 모든 생명을 살리는 담박한 체액이며 모든 시비와 득실의 바탕이다.

물은 채우지 아니함이 없고, 가지 않는 곳이 없다. 물은 하늘과 땅에 가득차며 만물 어느 것에도 깃들지 아니함이 없고 쇳덩이 돌 바위에도 생하지 아니함이 없고 모든 생명을 활성화시키지 아니함이 없다.

물은 만물의 생명을 장악하고 있다. 그러나 자신을 드러내지 않으며 늘 자신을 낮추고 모두가 싫어하는 아래로만 흐르기에 크고 너른 바다를 만들 수 있다. 물의 지혜를 다시금 곱씹어 보았으면 한다.

목련의 단아하고 고결한 향기에 취해 보자

　목련은 4월을 대표하는 나무꽃이다. 눈보라와 찬바람을 견디어내며 간절히 봄을 기다리는 목련꽃 봉오리. 정결하면서도 창백하지 않은 유백색의 꽃잎들. 목련은 결코 화려함을 내세우지 않기에 더욱 단아하고 고결한 기품이 돋보인다.
　흰색으로 탐스럽게 피는 꽃이 크고 향기도 좋아서 예로부터 사람들에 널리 사랑받아왔고 이름도 아주 많다. 옥처럼 깨끗하고 소중한 나무라고 "옥수", 옥같은 꽃에 난초같은 향기가 있다고 "옥란", 난초같은 나무라고 "목란", 나무에 피는 크고 탐스런 연꽃이라고 "목련", 꽃봉오리가 붓끝을 닮았다고 "목필" 등으로 불린다.
　대부분의 꽃들이 해를 바라보며 남쪽을 향해 피는 것과는 달리 목련 꽃봉오리는 북쪽을 향하고 있어 북향화(北向花)라고도 하며 임금님을 향한 충절을 상징하기도 한다. '양지쪽으로만 고개를 돌리는 꽃과 달리 / 봄이 와도 찬바람 불어오는 쪽을 향해 / 의연히 서있는 목련처럼……' 도종환 시인 '십년'의 일부분이다.

백목련은 봄소식을 가장 먼저 전한다고하여 영춘화(迎春花-영산홍의 이름과 같음)라고 하며, 자목련은 봄이 끝나는 4~5월에 핀다 하여 망춘화(亡春花)라 한다.

우리나라 자생종인 산목련은 앞의 목련과는 달리 잎이 피고난 다음에 꽃 봉우리가 맺는데 꽃의 모양이 매우 아름답고 향기가 좋아 함박꽃(화목류 함박꽃과 이름이 같음)이라 한다. 이 산목련은 북한의 국화로 제정된 일명 목란꽃이기도 하다.

화석(化石)에서도 볼 수 있는 오래된 식물, 목련. 목련의 꽃말은 '연모(戀慕)'라고 한다. '4월의 꽃'들 중에서도 목련은 가장 많은 시가(詩歌)의 주제가 된 꽃이다.

목련은 잎사귀보다 꽃을 먼저 피운다. 제법 찬 봄바람에 함박눈 같은 꽃잎을 휘날리고 있는 저 매화도, 꽃샘추위에 놀라 노오란 얼굴을 오소소 움츠리고 있는 개나리도, 동그란 몽오리를 마악 돌돌 말고 있는 벚꽃도, 산천을 붉게 물들이는 진달래도 다 잎보다 꽃을 먼저 피운다.

잎보다 꽃이 먼저 피는 이유는 종족번식을 위한 경쟁때문이라고 한다. 모든 식물들은 자손을(씨앗) 퍼트리기 위해 경쟁하는데 대부분 봄에 꽃을 먼저 피우는 식물은 향과 꿀이 많지 않아서 다른 경쟁 상대인 꽃들이 피기 전에 먼저 벌과 같은 곤충을 유인하여 쉽게 수분하고자 하는 것이다. 하지만 뒤에 피는 꽃들은 대부분이 강렬한 향과 꿀을 가지고 다른 꽃들과 치열한 경쟁을 치루고 벌레들을 유인하여 수분하게 된다.

잎이 있으면 씨앗이 바람에 날리는데 어렵고 또 곤충들의 찾아오기도 불편하기에 꽃을 먼저 피운다도고 한다.

그러나 문학적으로 본다면 꽃이 먼저 피는 자연의 섭리는 사랑의 본질과도 상통한다. 겨울의 거무튀튀하고 불품없던 모습에서 버선발로 임마중 나가듯 자신의 가장 아름답고 소중한 곳을 서둘러 보여준다. 사랑하는 사람에게는 잎을 피울 겨를도 없이 자신이 가장 깊숙히 숨겨 두었던 고운 자태부터 서둘러 보여준다.

그 다음 돌아오는 것이 아픔이고 상처이고 고난이라 할지라도 사랑은 꽃부터 먼저 보여준다. 목련이 피는 4월에는 라흐마니노프에 첫사랑을 담고 목련의 단아한 자태, 고결한 향기에 취해 보자.

만원짜리 지폐를 줍지 말고 하늘을 가지자

 수주대토(守株待兎)란 말이 있다. 송(宋)나라의 한 농부가 밭 가운데 있는 그루터기에 토끼가 부딪혀 죽자 일할 생각은 안하고 그루터기만 지켜보며 또 토끼가 죽기만을 기다렸다고 한다. 현대판 수주대토도 있다.
 한 젊은이가 길에 떨어진 만원짜리 지폐를 주웠다. 그 후 그 젊은이는 길바닥을 보고 다니는 습관이 생겼다. 그로부터 십 수년이 지난 어느날 여느 때처럼 고개를 숙인 채 걸어가던 그의 시야로 살포시 떨어지는 노란 은행잎이 들어왔다.
 무심코 고개를 들고 위를 올려다본 그는 따사로운 가을 햇살과 푸르른 하늘, 울긋불긋한 단풍들로 세상이 아름답게 빛나고 있는 것을 보았다.
 순간 어떤 깨달음이 왔고 비로소 그는 자신의 지난 시간들을 돌아보게 되었다. 지난 10년간 그가 얻은 것이라곤 돈 몇푼과 잡동사니들 그리고 구부러진 어깨가 전부였다. 그는 그 대가로 나무의 속삭임, 별들의 반짝임, 파도의 노래 등 자신을 감싸고 있던 모든 눈부신 아름다움들을 잃어 버렸던 것이다.

수주대토 얘기를 들으면 우리는 늘 습관처럼 남 얘기하듯 농부를 또 젊은이를 비웃고 만다. 그러나 한번쯤은 나는 과연 수주대토하고 있지 않는가를 반문해 보았으면 한다.

흔히 경제가 아무리 어려워도 병원비를 줄였으면 줄였지 교육비는 줄이지 않는다고들 한다. 농부가 토끼만을 생각하듯 요즈음은 많이들 학벌과 돈만을 생각하는 듯 하다. 그러나 이제는 학벌이 밥 먹여 주던 시대는 끝났고 실력이 앞서는 시대로 바뀌고 있다. 또 역사를 돌이켜 보면 영원한 부는 없었다.

당장 나만해도 학교후배보다는 실력있는 친구를 데리고 근무하기를 원한다. 나에게 사람을 추천해 달라는 분들도 학벌을 묻는 사람은 없다. '그 친구가 일을 잘하느냐, 인간성은 좋으냐'를 최우선으로 묻는다. 비슷하게 입사했던 친하게 지내는 몇몇 친구들 중 최고 명문법대 출신 친구가 회사를 전전하며 고생을 하는데 비명문대 출신 친구는 초고속 승진을 하며 지금도 회사에서 핵심역할을 하며 능력을 인정받고 있다.

능력과 인품이 더 평가받는 시대가 된 것이다.

내가 아시는 분 중에 투자를 잘못하여 셋방을 전전하며 각종 모임도 기피하는 전직 대학총장님도 계시고, 반면 이름도 없는 지방대를 나와 지하 단칸방에서 어렵게 살던 분이 종합상사로 성공하여 매년 수백억씩을 벌고 계시는 분도 있다.

십 수년전 출발선상에서 본다면 명문대 출신의 대학총장과 지하 단칸방에 살던 서너평 정도의 사무실을 가진 지방 비명문대 출신은 언감생심 비교대상이 될 수도 없었다. 그러나 현재는 어떠한가? 학벌이 미래를 보장해 주는 것도 아니고 현재의 부가 영원히 지속 되는 것도 아니다.

젊은이가 만원짜리 지폐를 줍느라 아까운 청춘을 낭비하고 많은 소중한 것들을 잃었듯이 우리도 학벌과 돈에만 집착하다 보면 인생의 더욱 가치있는 것들을 많이 잃어 버릴지 모른다.

누가 말했듯이 '돈으로 시계는 살 수 있어도 시간은 살 수가 없고, 돈으로 사람은 살 수 있어도 사람의 마음은 살 수가 없고, 돈으로 호화로운 집은 살 수 있어도 행복한 가정은 살 수가 없다.

돈으로 책은 살 수 있어도 지혜는 살 수가 없고, 돈으로 지위는 살 수 있지만 존경은 살 수가 없다.' 돈에만 집착해 인생을 허비하지 말고 정말 소중한 것들을 깨우쳐 가야 할 것이다. 일반적으로 남자의 경우 대학원이나 군까지 고려하면 30세 전후에 사회생활을 시작하여 55세 전후에 은퇴하게 된다.

인생의 전부를 좌지우지 할 것 같은 학벌을 써 먹을 수 있는 시간이 실제로는 입사 때 뿐이겠지만 어쨌건 길게 잡아도 25년정도에 불과하다. 먼저 핀 꽃이 먼저 지듯 초고속 승진을 하던 친구가 퇴직을 고민하는 것을 보면 고령화 사회로 진입하는 요즈음 어쩌면 학벌과 관계없는 은퇴 후의 시간이 인생에서 더 길고 더 중요한 시기가 될 수도 있다는 생각이 든다.

행복은 가지지 못한 것을 부러워하는 것이 아니라 가진 것이라도 제대로 즐길 수 있는 곳에 있다. 때로는 현실을 부정하며 이상을 쫓기 보다 현실을 받아 들이며 만족할 수도 있어야 한다.

만원짜리 지폐만 찾으며 무의미하게 살기보다는 따사로운 햇살도 즐기며 어깨 펴고 하늘을 보는 여유를 가졌으면 한다.

헐뜯는 말이 도둑질보다 나쁘다

　어떤 정치인이 바닷가를 거닐다 게를 잡고 있는 어부를 만났다. 그런데 게를 잡아서 넣는 바구니에 뚜껑이 없는 것을 발견했다. 정치인이 어부에게 물었다. "바구니에 뚜껑이 없으면 게들이 도망치지 않나요?"

　그러자 어부는 태연하게 말했다. "아무 염려 없습니다. 이게들은 정치인들과 비슷해서 한 마리가 기어오르면 다른 놈들이 곧 끌어 내립니다. 다른 놈들이 올라가는 꼴을 보지 못하거든요."

　'배 고픈 건 참아도 배 아파픈 건 못참는다.'는 말이 있다. 내가 좀 못된 것은 그럭저럭 견딜 수 있어도 남 잘되는 것은 도저히 그냥 볼 수 없다는 뜻인 듯도 하다. 그래서인지 비단 정치인뿐만 아니라 모임을 하다보면 가끔 남들 헐뜯는 것이 취미인듯 한 사람들도 만나게 된다. 이분들에게는 이 세상에 위인이란 있을 수 없다.

　아인슈타인이 "다음 세대들은 이런 사람이 실제로 살아서 이 지구상에 걸어 다녔다는 사실을 믿기 힘들 것이다."라고 극찬했던 인도 민족운동의 지도자이며 정신적 지도자로 추앙을 받는 '위대한 영혼' 마하트마 간디도 이 분들을 만난다면 아주 나쁜 사람이 될 것이다.

간디의 아내는 영국에서 유폐 생활을 하던 중 폐 질환에 걸렸으나 간디는 약으로 병을 치료하는 것은 자신의 신념에 어긋난다고 주장하며 또 자신의 민족을 억압한다는 이유로 영국의사의 항생제치료를 거부했고 결국 그의 아내는 죽고 말았다. 그러나 얼마 후 자신이 말라리아에 걸리자 간디는 아무 문제도 없다는 듯 영국인 의사에게 치료를 부탁했고 말라리아 특효 치료제인 퀴닌 알약을 복용했다. 장염에 걸렸을 때는 영국인 의사에게 수술까지 받았다고 한다. 자신은 살려고 발버둥치면서 아내의 죽음은 방치했던 이기주의자인 것이다.

간디는 '비폭력 무저항'의 평화주의자로 최고의 존경을 받고 있다. 그러나 젊은 시절의 간디는 그 누구보다도 힘의 논리를 앞세웠던 인물이었고 때로는 폭력 사용을 적극 지지하기도 했다. 간디는 힌두교도와 이슬람교도간의 싸움이 한창 진행되고 있을 때, 공개적으로 죽은 힌두교도의 몇 배 이상 이슬람교도를 죽여야 한다고 강조했다. 또 1차 세계대전 때에는 적극 참전하려고 했으나 질병에 걸려 입대를 포기해야 했고 영국의 전쟁 개입을 지지했다.

또 간디는 인도의 골칫거리였던 종파 싸움에서도 비종교주의를 내걸고 힌두교와 이슬람교가 하나되기를 간절히 외쳤다. 그러나 정작 자기 아들이 이슬람 여성과 결혼하겠다는 것을 한사코 반대해 종교간 화해를 기원했던 많은 이들을 실망시켰다.

간디는 사창가에 드나드느라 부친의 죽음도 임종하지 못했다. 나이가 들어서는 친숙하게 지내던 여자들에게 체온으로 자기 몸을 따뜻하게 해줄 것을 부탁했는데 알몸으로 간디의 몸을 데워 주었던 대부분의 여성들은 다른 여자들에 대한 질투와 간디의 사랑을 잃어버릴까봐 두려워서 침대에 들었다고 고백했다. 15세의 '스시라 나얄'은 간디의 간호부, 맛사지사, 비서 그리고 베드메이트 역할을 했으며, 생질부 '아바 간디'와 동침하게 되었을 때 그녀에게도 옷을 전부 벗도록 했고, 증손녀 뻘 되는 '마누 간디'도 19살 때부터 그와 함께 자게 되었다.

그럼에도 불구하고 간디는 그 인품이나 지도력에 아직도 최고의 찬사를 받고 있으며 20세기의 성인(聖人)으로 추앙되고 '밀레니엄 인물'로 뽑혔다. 사람인 이상은 누구나 결점이 있기 마련이다. 결점이 없으면 사람이 아니라 신(神)인 것이다. 장미를 보더라도 가시만 보려는 습성은 버려야 할 것이다.

어린애가 엄마에게 물었다. "엄마, 거짓말하는 죄가 나쁜가요? 험담하는 죄가 나쁜가요?" 엄마가 "둘 다 나쁘지만 도둑질이 더 나쁘겠지."라고 하자 어린애가 말했다. "아녜요. 엄마. 험담이 더 나빠요. 왜냐하면 도둑질은 그 물건을 다시 돌려줄 수 있지만 험담은 한 번 하고 나면 다시는 그 말을 하지 않았던 상태로 되돌려 놓을 수가 없어요."

칼에 베인 상처는 아물 수 있지만 혀에 베인 상처는 영원히 가슴에 각인된다. 함부로 험담하는 습성을 고쳐 야 할 것이다. 꽃이 있는 곳에 벌과 나비가 모이고 오물이 있는 곳에 똥파리가 모이는 법이다. 좋은 말을 하고 긍정적이며 상대의 장점을 격려해 주는 곳에 성공하는 사람들이 모이게 되고 험담을 즐기는 곳에 불평만 가득한 똥파리만 모이게 된다.

상대를 끌어 내리는 게가 아니라 서로 올려 며 함께 공존해 가는 넓은 가슴 따뜻한 마음으로 서로를 격려해 주는 아름다운 만남들을 만들어 갔으면 한다.

밤이 깊을수록
새벽이 주는 기쁨은 커진다

　모래를 삼킨 조개가 득이 되지 않는다고 즉각 뱉어 버리면 모래는 그냥 하찮은 이물질에 불과하게 된다. 그러나 살을 파고드는 고통과 쓰라림의 오랜 시간을 견디고 나면 모래는 소중한 진주로 바뀌게 된다. 시련이 깊을수록 결실은 값지게 되는 법이다.
　중국 한나라 경제(景帝) 때 직불의(直不疑)라는 낭관이 있었다. 어느 날 주옹이라는 그의 동료가 금덩이를 잃어 버렸는데 직불의가 훔쳐갔다는 누명을 쓰게 되었다.
　그러나 직불의는 아무런 변명도 하지 않고 잃어버렸다는 것과 같은 금덩이를 사서 주옹에게 주며 사죄하였다. 그런데 얼마 후 금덩이를 가져간 사람은 함께 근무하던 다른 사람이었다는 것이 밝혀졌다. 휴가를 가면서 자기 금덩이로 착각하고 가져갔는데, 휴가를 마치고 돌아와서 금덩이를 돌려주었던 것이다.
　주옹은 직불의를 의심하였던 자신의 경솔함을 크게 뉘우치고 진실로 깊이 사과하였다. 이 소문이 왕에게 전해지자 왕은 그를 인정하여 궁중 고문관이라는 큰 벼슬을 주었다. 그가 그렇게 높은 벼슬을 얻자 그를 시기하는 사람들이 직불의가 자기 형수와 밀통하고 있다는 나쁜 소문을 퍼뜨렸다. 이때에도 직불의는 구태여 변명하려 들지를 않았다.

그런데 나중에 알고 보니 직불의 에게는 형이 없었고, 따라서 형수와 밀통했다는 것은 말이 되지 않는 것이었다. 시기하는 사람들이 없는 말을 만들어 내었던 것이고 직불의는 더 높은 관직에 오르게 되었다.

주옹의 금을 훔쳤다는 혐의에 변명하지 않기도 힘들터인데 그 금을 보상해 주며 금을 훔쳤다는 것을 기정사실화하고 나쁜 평판을 감수한다는 것은 아무나 흉내낼 수가 없다. 자기가 하지도 않은 일을 의심받는 것에 대해 어찌 분개하지 않을 수 있겠는가? 어찌 힘들고 고통스럽지 않겠는가?

그러나 물이 빠지면 돌이 드러나듯 이런 저런 구구한 억측들이 잦아들게 되면 진실은 밝혀지게 된다.

이조 판서 강희맹은 직불의가 변명하지 아니한 까닭을 '사람들의 말이 비록 한때에 현혹되었더라도 옳고 그름은 영원히 어둡지 아니하여 진실로 자연히 밝혀질 것이다. 그렇게 되면 참으로 다행이고, 비록 그것이 밝혀지지 않더라도 이는 나의 불행이니 또한 누구를 허물하랴? 믿을 수 있는 것은 천리의 바름과 인심의 공변됨과 신명의 곧음뿐이다.' 라고 여겼기 때문이라고 설파했다.

직불의가 구구한 변명을 하며 무죄를 입증하려 애쓰고 주옹에게 항의를 하고 하였다면 주옹은 직불의에게 미안한 마음이 덜했을 것이고 직불의의 품격도 왕에게 보고될 만큼 그리 높아 보이지 않았을 것이다. 오해와 멸시를 온몸으로 감내한 시련이 있었기에 스스로를 진주로 만들 수 있었던 것이다.

　요즈음은 모든 것이 인스턴트화 되었고 조금만 자기에게 불리해도 즉각 반박하고 화를 내기 일쑤다. 모래만 가득하고 진주는 없다. 무더위와 찬서리가 땡감을 맛난 홍시로 만들고 밤이 깊을수록 새벽을 맞이하는 기쁨은 그만큼 더 커지게 된다. 모래를 모래로 뱉어내지 말고 아픔을 삼키며 진주로 길러내는 인고의 도(道)를 깨우쳐 갔으면 한다.

새는 새의 방식으로 키워야 한다

'장자'의 지락편(至樂篇)에는 극진한 봉양을 받다가 죽어버린 새의 우화가 있다.

노나라에 바다새 한마리가 성 밖 교외로 날아 왔다. 노나라 왕은 이 새가 나라에 경사를 가져다 줄 길조라 생각하고 궁으로 데려와 조상에게 제사를 지내는 묘당에 보금자리를 만들어 주었다. 왕은 새를 위해 주연을 베풀고, 가장 아름다운 음악인구소를 연주하고 각종 고기의 가장 맛있는 부위와 산해진미를 대접했다.

그러나 그 새는 모든 것이 낯설고 어리둥절해 눈만 껌벅이며 슬퍼할 뿐이었다. 구소도 시끄러운 소음으로 밖에 여겨지지 않았고 맛난 고기와 산해진미도 물고기 한마리만 못하였다. 마침내 고기 한 점, 물 한잔 먹지 않더니, 사흘이 지나자 죽어버렸다.

이것은 사람이 사람의 방법으로 새를 기르려고 했기 때문이다. 새를 기를 적에는 새의 방식으로 길러야만 한다. 새의 습성에 맞는 환경을 제공해 주어야 하고 사람이 좋아하는 음식이 아니라 새가 좋아하는 음식을 주어야 한다. 말을 돌보는 할아버지가 멀리 출타하면서 소년에게 말을 부탁했다. 소년은 자신이 그 멋진 종마를 얼마나 사랑하고, 또 그 말이 자신을 얼마나 믿고 있는지 알고 있었으므로 그 종마와 단둘이 보낼 시간이 주어진 것이 뛸 듯이 기뻤다.

그런데 그 종마가 병이 났다. 밤새 진땀을 흘리며 괴로워하는 종마에게 소년이 해 줄 수 있는 일이라고는 시원한 물을 먹이는 것 밖에 없었다. 그러나 소년의 눈물겨운 간호도 보람없이 종마는 더 심하게 앓았고, 말을 돌보는 할아버지가 돌아왔을 때는 다리를 절게 되어 버렸다. 놀란 할아버지는 소년을 나무랐다.

"말이 아플 때 찬물 먹이는 것이 얼마나 치명적인 줄 몰랐단 말이냐?"

소년은 대답했다.

"나는 정말 몰랐어요. 내가 얼마나 그 말을 사랑하고 그 말을 자랑스러워 했는지 아시잖아요."

그러자 할아버지는 잠시 침묵한 후 말했다.

"얘야, 누군가를 사랑한다는 것은, 어떻게 사랑하는지를 아는 것이란다. 진정한 사랑은 상대가 필요한 것을 아는 것이야."

사랑이란 내가 좋아하는 것을 강요하는 것이 아니라 상대의 눈 높이에 맞는 방식으로 상대를 편안하게 해 주는 것이다.

딸 셋을 데리고 혼자 사는 어머니가 고아원에서 아이를 하나 더 데려와서는 "이 애를 동생같이 알고 서로 사랑하라"고 일렀다. 하지만 낯선 식구들 틈에서 아이는 계속 울기만 했다.

딸들이 먹을 것을 주고 인형도 준다고 하면서 달랬지만 아이는 계속 울기만 하였다.

그러자 큰언니가 "너, 왜 그렇게 자꾸 우니?"하면서 같이 엉엉 울다가 쓰러져 잤는데, 그 다음날부터 아이는 울지 않았다고 한다.

사랑이란 그런 것이다. 함께 울고 웃으며 같은 키 높이로 뒹굴어 주는 사이 마음의 문은 절로 열리게 되는 법이다. 사랑은 나의 눈높이가 아닌 그의 눈높이가 기준점이 될 수 있도록 부단히 노력을 할 때 사랑은 더욱 성숙되어져 간다.

크리스마스 날 어머니가 아들을 데리고 쇼핑을 갔다. 거리마다 캐롤이 흐르고 거리는 화려하게 꾸며지고 산타클로스는 길모퉁이에서 춤을 추었다. 가게 앞에는 장난감도 잔뜩 쌓여 있으니 다섯 살 남자아이는 틀림없이 눈을 빛내면서 기뻐하리라고 어머니는 생각했다. 하지만 예상과 달리 아들은 어머니의 코트에 달라붙어서 훌쩍훌쩍 울기만 했다.

"왜 그러니? 울기만 하면 산타 할아버지가 오시지 않아요."라고 아들을 꾸짖다가 구두끈이 풀어진 것을 보고 어머니는 무릎을 꿇고 앉아 아들의 구두끈을 고쳐주면서 무심코 눈을 들었다.

거기에는 아무것도 없었다. 아름다운 조명도, 쇼윈도도, 선물도, 즐거운 테이블 장식도 모든 것이 너무 높아서 보이지 않았다. 눈에 들어오는 것은 두꺼운 다리와 엉덩이가 서로 밀고 부딪치면서 스쳐 지나가는 거리 뿐이었다. 아이가 본 것은 너무나 삭막한 크리스마스 거리였던 것이다.

성숙된 사랑은 상대방의 눈높이에서 보는 것이다. 사랑에 미숙한 사람들은 언제나 자신의 자리만을 고집하지만 성숙된 사랑을 하는 사람들은 늘 상대방의 자리에 자신이 서보려 노력한다.

새는 새의 방식으로 길러야 하듯 결국 사랑의 눈높이는 나의 눈높이가 아니라 그의 눈높이가 기준점이 되어야 하는 것이다.

상대의 눈으로 사물을 보려하고 상대를 따뜻하게 배려해 간다면 세상은 훨씬 더 아름다워 질 것이다.

문자를 보냅시다

　남에게 도움이 되었을 때 그 뿌듯함은 돈으로 환산할 수 없음에도 남을 돕는 데 사람들은 인색하다. 나눔과 베풂을 얘기하면서 으레 자신은 가진 것이 없다고들 한다. 돈만을 떠올리거나 가슴이 빈곤하기 때문이다. 나눔과 베풂은 돈이나 권력에서 오는 것이 아니다. 진실한 마음, 따뜻한 마음만 있다면 돈이 없더라도 세상에 줄 수 있는 것은 많다.
　재능보유자의 무료공연에서부터 산행 시 던져주는 짧은 덕담에 이르기까지 작은 마음이라도 내가 가진 최선의 것을 주면 되는 것이다. 받기만 하겠다는 거지 근성을 버리고 내가 줄 수 있는 것이 무엇인가를 찾아보았으면 한다. 주위 사람들에게 매일 하나의 유머를 준비해서 얘기해줄 수도 있고, 짤막한 안부 문자를 줄 수도 있다. 이도 저도 생각이 나지 않으면 무조건 환한 미소라도 주는 연습을 하자. 사고와 습관만 고친다면 세상에 줄 수 있는 것은 많다. 받으며 빚쟁이로 살기보다 주면서 기분 좋게 사는 연습을 하자.
　나는 월요일 아침이면 지인들에게 문자를 보낸다. 참고로 지금까지 보낸 문자를 첨부해본다.

꽃샘추위가 뿌리의 양분을 가지로 보낸다.
역경을 희망 동력으로 바꾸는 한주 되세요.

꽃과 열매를 보려면 먼저 흙과 뿌리를 보살펴 주어야 한다.
초심지키는 한주 되세요.

발이 없는 사람을 보기 전까지는 내게 신발이 없음을 슬퍼했다.
가진 것을 소중히 하는 한주 되세요.

난초는 깊은 산 속 혼자 있어도 그 향을 잃지 않는다.
기개로운 한주되세요.

야망 위해 양심을 버림은 재를 위해 명화를 불태우는 것이다.
소중한 것을 지켜가는 한주 되세요.

사랑스런 눈을 갖고 싶으면 상대의 좋은 점을 보라.
결점을 감싸주는 따뜻한 한주 되세요.

남의 손을 씻다 보면 내손도 깨끗해진다.
양보하고 배려하는 한주 되세요.

빵은 육체를 기르고 차는 정신을 기른다.
건강하고 맑은 한주 되세요.

희망찬 사람은 그 자신이 희망이다.
희망찬 한주 되세요.

행복해서 노래하는 게 아니고 노래하니까 행복해진다.
긍정적 생각, 즐거운 한주 되세요.

힘들 때 우는 건 삼류, 힘들 때 참는 건 이류, 힘들 때 웃는 건 일류다.
웃는 한주 되세요.

용기를 내어 생각한대로 살지 않으면 머지않아 사는대로 생각하게 된다.
실천하는 한주 되세요.

말은 생각을 담는 그릇이다. 생각이 맑고 고요하면 말도 맑고 고요하다.
맑은 한주 되세요.

세월은 살결에 주름을 만들고 비관은 영혼에 주름을 만든다.
긍정적이고 희망찬 한주 되세요.

배를 만들려면 푸른바다를 꿈꾸게하고 시인을 만들려면 사랑을 하게하라.
비상하는 한주 되세요.

물고기가 오게 하려면 먼저 물길을 트고
새가 오게 하려면 나무를 심어라. 준비하는 한주 되세요.

흐르는 물에 발을 두 번 담글 순 없다.
후회하지 않는 한주 되세요.

길을 가다 돌이 나타나면 약자는 걸림돌이라하고 강자는 디딤돌이라 한다.
적극적인 한주 되세요.

행복은 갖지 못한 것을 바라는 것이 아니라
가진 것을 즐기는 것이다. 행복한 한주 되세요.

'미모'보다 '미소'가, '성공'보다 '성품'이 행복을 준다.
내면의 아름다움을 가꾸는 한주 되세요.

행복은 좋아하는 일을 하는 것이 아니라,
하는 일을 좋아하는 것이다. 늘 만족한 한주 되세요.

학다리 길다고 자르지 말고 오리다리 짧다고 당기지 말라.
다양성, 배려하는 한주 되세요.

풍성한 물을 보며 물줄기를 잊으면 강물은 쉬 마르고 만다.
초심 잊지 않는 한주 되세요.

널뛰기할 때 내가 높이 올라가려면 상대를
더 높이 올려주어야 한다. 배려하는 한주 되세요.

칼에 베인 상처는 아물지만 혀에 베인 상처는 아물지 않는다.
덕담 나누는 한주 되세요.

땅이 낮아지면 물이 모이고, 내가 낮아지면 사람이 모인다.
좋은 분들과 멋진 한주 되세요.

아름다운 눈을 갖고 싶으면 상대의 장점을 보라.
결점을 감싸주는 따듯한 한주 되세요.

먹물들인 옷을 입는다고 모두 스님이 되는 것은 아니다.
겉치레아닌 내실있는 한주 되세요.

남의 손을 씻어주면 내 손도 깨끗해진다.
서로를 배려하는 즐거운 한주 되세요.

멀리 나는 새는 뒤를 돌아보지 않는다.
희망차게 전진하는 한주 되세요.

나무는 꽃을 버려야 열매를 맺는다.
탐심을 버리고 고운열매 맺어가는 한주 되세요.

무사는 얼어죽어도 곁불을 쬐지않고, 호랑이는 굶어죽어도
풀을 뜯지않는다. 당당한 한주 되세요.

impossible(불가능)에서 땀한방울만 흘리면
i'mpossible(나는가능)이된다. 노력하는 한주 되세요.

거울은 결코 먼저 웃지 않는다.
먼저 손 내밀고 먼저 웃으며 따듯한 한주 시작하세요.

땡감은 무더위와 찬서리를 견딘 후 홍시가 된다.
역경을 딛고 승리하는 한주 되세요.

내 집 창이 더러우면 이웃집 빨래가 지저분해 보인다.
마음의 창이 화사한 한주 되세요.

존경받으려면 입을 닫고 지갑을 열면 된다.
경청의 지혜를 깨우쳐가는 한주 되세요.

뿌리는 스스로를 드러내지 않으며 아래로 자란다.
겸양지덕의 화사한 한주 되세요.

장님은 돈보다 예쁜 눈을 간절히 원한다.
가진 것의 소중함을 깨우쳐 가는 한주 되세요.

먼저 핀 꽃이 먼저지고 오래 엎드린 새가 높이 난다.
인내, 대기만성하는 한주 되세요.

버릴 줄 아는 나무만이 새싹을 키울 수 있다.
겨울 보내고 희망 움틔우는 한주 되세요.

Life에 if가 있는 것은 삶에는 항상 가능성이 있기 때문이.
희망찬 한주 되세요.

모든 꽃이 하늘만 보려할 때 매화는 언 땅을 보며 피어난다.
겸허하고 희망찬 3월 되세요.

얼음장 밑에서도 고기는 헤엄을 친다.
역경속에서도 희망이 살아 숨쉬는 한주 되세요.

주춧돌이 젖어 있으면 우산을 준비해야 한다.
앞날을 대비해 가는 지혜로운 한주 되세요.

나무는 잎을 버릴 때 뿌리가 강해진다.
겉치레를 버리고 내실 기하는 한주 되세요.

산을 물이라 우겨도 산은 바다로 흐르지 않는다.
거짓을 응징하고 진실지켜가는 한주 되세요.

어둠을 탓하지 말고 스스로 작은 촛불이 되라.
긍정적사고 힘차게 전진하는 한주 되세요.

꽃은 져도 바람을 탓하지 않는다.
소신있고 당당한 한주 되세요.

꽃은 짓밟혀도 향기를 잃지 않는다.
역경에 굴하지 않는 의연하고 당당한 한주 되세요.

공짜 치즈는 쥐덫 안에 있다.
성실한 노력 힘찬 도전 성공하는 한주 되세요.

담장을 허물면 세상이 다 내 것이다.
마음을 열고 큰 부자되는 한주 되세요.

장작패는데 8시간 걸린다면 6시간은 도끼날을 가는데 쓸 것이다.
빈틈없이 준비하는 한주 되세요.

향나무는 자기를 찍는 도끼에도 향기를 묻힌다.
큰 사랑 베푸는 한주 되세요.

무지개를 보려면 먼저 비를 맞아야 한다.
시련을 끝내고 행복 가득한 한주 되세요.

흐르는 강물을 잡을 수 없다면 바다가 되어서 기다려라.
넓고 여유로운 한주 되세요.

달걀은 스스로 깨면 병아리가 되나 남이 깨주면 프라이가 된다.
개척하는 한주 되세요.

동그라미를 그리려면 처음 시작했던 자리로 되돌아 가야 한다.
초심 잊지 않는 한주 되세요.

잠 못이루는 사람에겐 밤이 길지만 아름다운 꿈을 꾸는
사람에겐 밤이 짧다. 희망찬 한주 되세요.

푸른 잎을 검다고 우겨도 잎은 검어지지 않는다.
화려한 거짓보다는 진실된 한주 되세요.

행복은 갖지 못한 것을 바라는 것이 아니라 가진 것을 즐기는 것이다.
행복한 한주 되세요.

조약돌을 매끄럽게 만드는 것은 무쇠가 아니라 부드러운 물결이다.
유연한 한주 되세요.

우유를 마시는 사람보다 배달하는 사람이 더 건강하다.
적극적이고 힘찬 한주 되세요.

밤은 반드시 아침을 데리고 온다.
좌절하지 않는 희망찬 한주 되세요.

물은 흘러도 물속의 달은 흐르지 않는다.
세월은 변해도 초심은 변치않는 한주 되세요.

겨울이 없다면 꿀벌은 꿀을 만들지 않는다.
역경을 희망으로 바꾸는 한주 되세요.

나무 위는 위험하지만 좋은 열매는 그곳에 있다.
위기를 기회로 활용하는 한주 되세요.

깊은 뿌리에는 서리가 닿지 못한다.
진실, 희망을 더 깊이 뿌리내리는 한주 되세요.

북은 큰 소리를 내기위해 자신을 비운다.
탐심을 버리고 크게 도약하는 한주 되세요.

좋은 말 한마디가 좋은 옷 한벌보다 따뜻하다.
덕담나누며 추위 녹이는 한주 되세요.

은행잎은 지기 전에 가장 아름답게 피어난다.
마지막까지 최선을 다하는 한주 되세요.

나무는 떨어지는 잎을 애써 잡지 않는다.
집착하지 않고 물흐르듯 편안한 한주 되세요.

시계가 둥근 이유는 끝이 곧 시작이기 때문이다.
초심으로 새출발하는 한주 되세요.

내가 꿈을 배반하지 않으면 꿈도 나를 배반하지 않는다.
희망 키워가는 한주 되세요.

넘어지지 않고는 자전거를 탈 수 없다.
끊임없이 도전, 성공하는 한주 되세요.

눈물속에서 꽃은 피어나고 한숨도 가락으로 변한다.
희망 성취하는 한주 되세요.

얼굴과 낙하산은 펴져야 산다.
환절기 건강 유의하시고 활짝 웃는 즐거운 한주 되세요.

슬프다는 백마디 말보다 한방울 눈물이 더 큰 위로요 진실이다.
실천하는 한주 되세요.

향나무는 상처받을 때 비로소 향기를 내뿜는다.
큰 사랑 베푸는 한주 되세요.

바다가 크고 너른 이유는 무엇이건 다 받아주기 때문이다.
마음 넉넉한 한주 되세요.

큰 상인은 좋은 물건을 감추고, 군자는 덕을 감춘다.
내실 다지는 겸손한 한주 되세요.

최고의 비즈니스는 돈을 남기는 것이 아니라 사람을 남기는 것이다.
우정키우는 한주 되세요.

풀이 받은 상처는 향기가 된다.
역경을 희망으로 만들어 가는 아름다운 한주 되세요.

제주 돌담이 무너지지 않는 것은 통풍의 틈새 때문이다.
마음을 소통하는 한주 되세요.

꽃은 웃고 있어도 웃음소리 들리지 않는다.
소리없이 기쁨주는 한주 되세요.

당신이 따뜻해서 여름이 왔습니다.
즐거운 휴가철 건강하고 행복한 한주 되세요.

인생은 실패할 때 끝나는 것이 아니라 포기할 때 끝나는 것이다.
힘차게 전진하는 한주 되세요.

행복은 추구하는 것이 아니라 받아 들이는 것이다.
가진 것을 즐기는 행복한 한주 되세요.

장작패는데 8시간 걸린다면 6시간은 도끼날을 가는데 쓸 것이다.
빈틈없이 준비하는 한주 되세요.

나무는 자신을 위해 그늘을 만들지 않는다.
서로 배려하며 기분좋은 한주 되세요.

실패란 넘어지는 것이 아니라 넘어질까 두려워 머무는 것이다.
도전, 전진하는 한주 되세요.

꿈을 이루는 최고의 방법은 최대한 빨리 꿈을 갖는 것이다.
멋진 꿈, 힘찬 한주 되세요.

가시에 찔리지 않고 장미를 모을 수는 없다.
작은 실패를 두려워않는 힘찬 한주 되세요.

태양은 악인도 비추어 준다.
모든 것을 뜨겁게 감싸안는 사랑 가득한 한주 되세요.

표지_ 글·그림

서예가 洌菴 宋正熙 선생

- 캐나다 몬트리올 주립대학 박사과정 수료
- (재)청소년건전문화육성재단 현 이사장
- 열암문화재단 설립자
- 한국전통문예진흥회 이사장
- 한국작가협회 최우수 작가상 수상
- 서울시 초대작가
- 한·중·일 서예가협회 한국대표
- 대한민국 청솔회장
- 한국인권위원회 자문위원
- (사)선행칭찬운동본부 상임고문
- (사)한민족문화협회 현 이사장